河南省普通高等学校人文社科重点研究基地青少年问题研究中心、河南省重点学科社会学建设经费联合资助

田野中国 CHINA Field

花换草

占里人口文化的环境人类学解读

An Enviromental Anthropology Approach to the Culture of Population in Zhanli Village

沈洁 著

社会科学文献出版社
SOCIAL SCIENCES ACADEMIC PRESS (CHINA)

前　言

"换花草"——南方少数民族传说中一种可以改变胎儿性别的草药，20 世纪 80 年代经媒体宣传后而广为人知。特别是拥有"换花草"秘密的侗族村寨占里，数百年来，总人口基本保持零增长，且性别结构合理，被称作"中国人口文化第一村""中国计划生育第一村"。这一个神奇的村落，曾经吸引了许多学者的关注，他们跋山涉水，来到大山深处，企图一窥"换花草"的真面目，甚至希望把这种草药推广到全国，以配合计划生育工作的顺利开展。然而，几十年过去了，"换花草"依然是"犹抱琵琶半遮面"，人们不禁开始对其存在与否产生了怀疑：毕竟在医学上早已证明，胎儿性别在精子、卵子相遇的那一刻已经被决定，"换"根本不可能。很多专家学者在实地的考察中也挖掘出越来越多的证据，从不同的角度出发，对"换花草"背后隐藏的秘密进行了分析。本书将在此基础上，从环境人类学角度出发，进一步对占里的特殊文化现象进行解读，发现占里文化的实质不在于"换花草"，而在于其所处的环境，以及由此形成的独特人口文化。

占里属南部侗族文化区，① 地处贵州省和广西壮族自治区交界

---

① 在侗族研究中，一般将侗族的聚居区划分为南部和北部两个区域。从自然地理位置上看，五岭山脉从东南穿越侗族聚居区向西北延伸，把侗区分为南北两块；从社会文化上看，南北聚居区历史上曾分属不同行政区管辖，受外部文化干预、影响的规模和程度有别。其中，南部侗族地区的汉文化涵化程度相对薄弱，本民族的传统文化在 20 世纪 80 年代初之前保存比较完整，受现代文明影响的痕迹不明显，因此多受到民族文化研究学者的推崇和喜爱。

的大山深处，交通不便。自古以来，居住在这里的侗民鲜少与外界接触。在漫长的封建社会中，汉族中心主义一直占据统治地位。"天朝"显然对少数民族的历史传承并不关心，只要他们不"犯上作乱"，统治王朝基本上也不会对其稍加注意。所以，同其他从未登上统治宝座的少数民族一样，作为少数民族的占里人，在正史中的记载几乎见不到。要了解占里的历史，传说和神话就成为必不可少的材料。

与其他无文字的少数民族村寨一样，占里的历史也是源于传说。作为一个迁入民族的聚居地，占里首先出现在历史文献中是在合款的款词中。至今仍流传于今黎平、从江一带的侗族款词中还保留有"三十托里，五十占里"参加合款大会的记录（石开忠，2001：27）。这也是对占里人口比较早的记载。寥寥数语的记载，不仅说明了当时占里是一个人口数量比较少的村寨，也说明了占里与周边的村寨共荣共存的关系。

新中国成立以后，这里一度是和平乡政府所在地，但是长期以来外界对这个"世外桃源"的了解并不多。20世纪50年代末，中国科学院民族研究所贵州少数民族社会历史调查组和中国科学院贵州分院民族研究所联合对生活在贵州境内少数民族的社会经济生活做过一次大的调查。其时，石若屏、吴景秋、伍华谋三位研究员于1958年11月对占里的社会经济、社会组织、文化教育、医药卫生和生活习俗五个方面进行了全面的调查，并在1964年5月完成了调查报告的撰写。

这次调查属于贵州少数民族社会历史调查之列，是在新中国成立后，对少数民族文化的一种带有"抢救"性质的调研。最后撰写而成的调查资料虽然带有"社会经济"的字样，但是调查的内容却涉及了占里生活的方方面面。尽管内容相对简单，缺少客位分析和主位解释，但是，作为一份历史性的记录，显然具有重要意义。关于占里人口问题，在这份资料中写道："惟当地有扼婴的习俗，一对夫妻多半只有一男一女，因此常有绝嗣的情况。"

（中国科学院民族研究所贵州少数民族社会历史调查组、中国科学院贵州分院民族研究所，1964：19）这种叙述将占里人口控制目标的实现简单地归结到了"扼婴"上，是一种主观化的表现。尽管存在各种缺陷和历史局限性，但这次调研作为新中国成立后的首次以其资料的翔实性和不可复制性而受到广泛重视和引用。

近年来，随着计划生育工作的推广，出生人口性别比偏高逐渐成为一个社会问题。占里作为一个计生工作的"典型"而被树立起来，从而吸引了更多的学者对其进行调查和研究，其中石开忠和杨军昌两位教授都对"占里现象"及其启示有过专门的论述。

石开忠教授是较早研究占里人口的学者之一。他采用定点跟踪调查法①分别于1993年和1995年在占里进行实地调查，搜集了翔实的田野资料。他在《鉴村②侗族计划生育的社会机制及方法》一书中对占里的生存环境、村寨社区、人口状况、信仰体系、生计方式、风俗制度及组织结构等方面都进行了全面、深入的描述。他分析了占里人口发展模式形成的经济、社会和意识形态的各种原因，对节育的具体方法和草药知识也有一定程度的涉及。除此之外，他还在这本书的结尾处提到了占里人口目标实现对现代中国人口工作的启示，为政府今后开展计划生育工作提出了意见和建议（石开忠，2001：154~157）。可以说，这本书现在已经成为接触占里、认识占里、研究占里的"启蒙性"教材之一。

杨军昌教授也通过长期的实地调查完成了《侗寨占里长期实行计划生育的绩效与启示》一文。他在文中对侗寨占里长期以来实行计划生育的绩效进行了总结，探析了该地实行计划生育、保持人口数量的社会机制和具体方法。他也认为占里侗族的人口意

---

① 也有人称这种方法为"历史溯源法"，指在某一社区建立固定调查点，对一个群体进行间隔性的、长期的、持续不断的观察。
② 石开忠将占里称为"鉴村"有其特殊的意义：一是由于占里的侗族发音为"jien"，与"鉴"极为相似；二是取其对当代人满为患的地球村人口控制目标实现的直接借鉴作用。

识、生育文化及其实践经验,对搞好中国少数民族地区的人口与计划生育工作具有重要的现实意义和参考价值(杨军昌,2001:62~67)。

我对占里的研究始于2006年。当时我正在中央民族大学攻读硕士学位,当导师陈长平教授要我对占里人口文化进行一项研究的时候,我犹豫了一下就接受了这项任务。我也知道,这项工作将是极其困难的:我毫无侗语基础,对侗族文化所知甚少。但怀着对这个"世外桃源"的憧憬,我还是义无反顾地踏上了南下的旅途。自此之后,我就和占里结下了不解之缘,至今已有10个年头。在这10年间,我三赴占里,竭尽所学,考察占里特殊的人口现象,期望能够揭开有关"换花草"的秘密。但由于个人能力所限,这种努力也只是管中窥豹。书中如有不当之处,敬请各位专家和学者批评指正。

目 录

第一章 桃源深处：占里概况 / 001
第一节 桃源人家 / 001
第二节 记忆中的迁移史 / 018

第二章 万物一体：生存环境 / 026
第一节 自然环境 / 026
第二节 社会文化环境 / 034
第三节 占里人的生存技术 / 043
小　结 / 053

第三章 天成地就：人口控制 / 056
第一节 定居与初期人口发展 / 057
第二节 人口控制思想的出现 / 060
第三节 两种人口思想的交锋 / 065
小　结 / 068

第四章 道阻且长：人口发展 / 072
第一节 人口数量的变化与发展 / 072
第二节 人口结构 / 081
小　结 / 093

第五章 "中和位育"：秩序结构 / 097
第一节　政治制度 / 097
第二节　宗族制度 / 108
第三节　年龄组制度 / 115
第四节　信仰体系 / 126
小　结 / 134

第六章 以礼而治：文化习俗 / 137
第一节　婚姻制度 / 137
第二节　生育制度 / 150
第三节　命名制度 / 158
第四节　亲属称谓制度 / 162
第五节　继嗣制度 / 166
第六节　赡养制度 / 168
第七节　丧葬制度 / 170
小　结 / 176

第七章 日用不知：日常教化 / 179
第一节　教化的主体 / 180
第二节　教化的方法 / 186
第三节　计划生育的教化 / 194
小　结 / 199

结语　安所遂生 / 201

余论　路在何方？ / 209

参考文献 / 216

后　记 / 221

第一章
桃源深处：占里概况

许多人类学家在自己的民族志或论述中，批评了那种以"环境"（setting）作为民族志开篇的做法，认为这或将村寨、社区描述成了一种封闭的容纳社会生物的"容器"，或将之视为社会生命展演的平台，其后果是将民族志的研究对象限定在了一定的地方与时间段中（Mueggler，2001：10）。为避免这一局限性，我试图在此章节中，在一个更大的范围和一个较长的时间段中，在一种空间关系和时间脉络中呈现出侗寨占里的空间感和时间性，从其在历史上的经历和空间上的变动来呈现出它的历史遭遇。而经历了这一切的占里，今日又呈现出怎样的景象。不过，为了方便读者了解，同时使分析更为清晰，我还是得从今日占里的地理位置、村寨布局以及世居于此的吴氏家族（当然还有其他一些小姓，不过在总人口中所占比例不高）的基本情况开始介绍。

第一节 桃源人家

从从江县的县政府所在地丙妹镇出发，沿都柳江边的国道一路北行13公里到达四寨河口处，然后再沿从江—占里的村级公路①一路爬坡,在蜿蜒的山路上行走约 6.5 公里,翻过一座山后,就到达了占里(见图 1-1)。占里地处山间谷地,交通极为不便,

图 1-1 占里位置示意

说明:本图在石开忠教授的《鉴村侗族计划生育的社会机制及方法》中绘制地图的基础上修改完成。

---

① 公路在 2005 年通到占里。说是公路,但其实就是对路面基本的硬化,并未浇沥青。一遇阴天下雨,路面湿滑,且极易发生山体滑坡,车辆基本无法通行。不过,据县政府部门的工作人员说,再过两年,这条路上该滑坡的地段也都滑下来了,不会滑坡的地方也就那样了,到时候再浇沥青,路就会好走许多。

这条村级公路是村里与外界沟通的唯一通道，此外便只有连接邻近几个村寨的山路了。

占里建在小溪旁边的平地和旁边紧挨着的缓坡上，形成了依山傍水、错落有致的侗族传统聚落格局（见图1-2、1-3）。

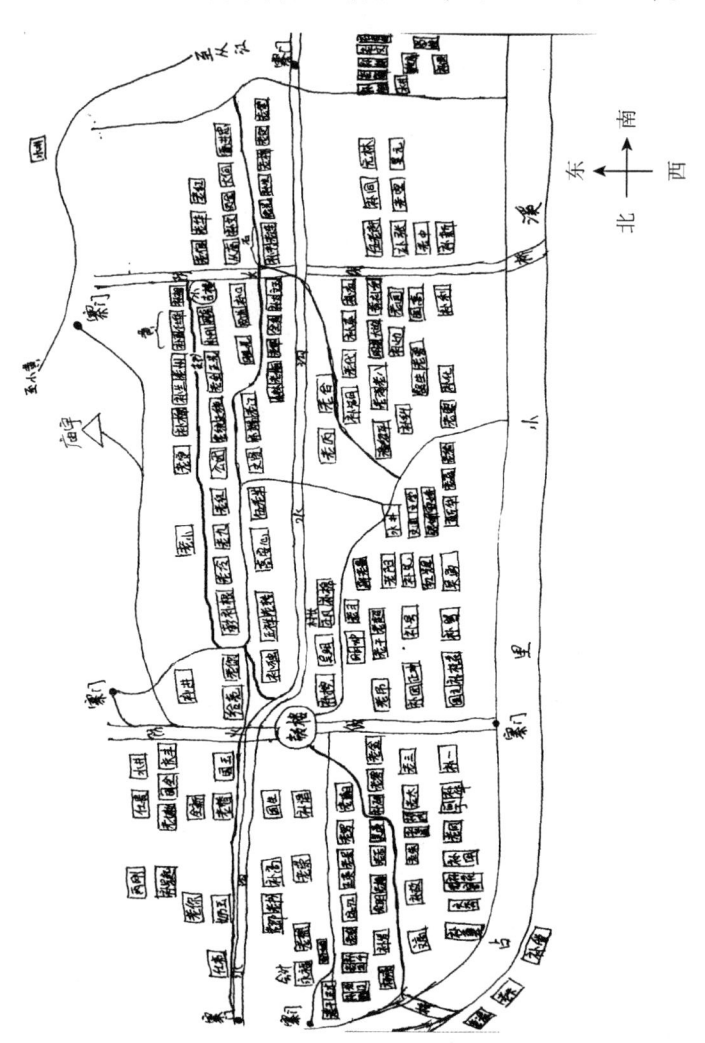

图 1-2　占里住户分布

说明：本图在占里村村民补挖的帮助下绘制而成。

图 1-3　占里的清晨

说明：本书中占里的图片，均为作者拍摄。

　　连接占里和外界的原本是一座风雨桥（当地也叫花桥），其用意原是为了挡住风水，实际上却方便了人们的进出。虽然这座风雨桥屡经大火，但占里人一次又一次地在废墟上进行了重建（见图1-4）。① 寨子东、南、西、北靠山和近溪的地方分别建有六个寨门（见图1-5）。六个寨门充分利用了天然屏障，或用木头树立栅栏，或用泥巴夯就土墙而成。过去一旦有强敌来犯，关上寨门，则一夫当关，万夫莫开，敌人概莫能入。现在，这六个寨门保寨卫家的责任已没有了现实意义，但它们存在的象征性大大增强。古有明训，寨民建的民居不得超出寨门。几百年来，寨子虽几经火灾，几次大修重建，但是每次增加的户数有限，始终控制在160户以内。六个寨门从四个方向严格限制了村寨的发展规模，减少了人口增加的可能性。

---

① 风雨桥最近一次被焚毁后，由于种种原因，新桥至今仍未被重建。

图 1-4 重建中的风雨桥（花桥）

图 1-5 水边寨门

沿小溪走入村寨，"干栏"式的两层木楼紧紧相依，房屋两头为偏厦，架有楼梯供人们上下（见图 1-6）。木楼底层一般为全封闭式，仅有一门供人畜进出。过去，一层主要用来关养牲畜、放置农具、柴草、肥料及杂物等，现在则多将其辟为吃饭、休闲和娱乐场所。二层是主人的居住层。经由木梯上楼，进入一个宽约3米的走廊，有的时候人们也会在这里吃饭、休闲、娱乐。走廊外面镶有短板可凭栏远眺，它有一个动人的名字叫"美人靠"（见图1-7）。走廊后部正中是堂屋（一间或两间的房子没有堂屋），前半部为火堂，后半部为主妇的卧室，儿女分住在两边的卧室。卧室仅有一个小窗户，由于玻璃并不普及，仅用一小块木板做开关遮挡。火堂正中为青石板铺就的正方形火塘，边长一般在1.2米左右，内填黄泥，中置撑架供架锅烹调之用（见图1-8）。火塘上方悬挂一个竹制或木制架子，供存放烘烤食物之用。火堂是做饭、用餐、休息和烤火的地方，也是冬天接待客人的场所。①

图1-6　占里的吊脚楼

---

① 现在大部分人家都将火堂设在了一楼，并建有专门的厨房。因此火堂的功能仅剩取暖。

图 1-7 在"美人靠"旁休息的少女

图 1-8 火塘

徜徉在占里，尤其在靠近村寨外围的部分，有时会发现一些建在鱼塘上、规模较小、四方形吊脚式、上盖杉树皮的木质建筑。建筑物有门无锁，随便打开其中一间，发现里面堆满了尚未脱粒的、成把的糯禾①。原来这就是占里的粮仓——禾仓（见图1-9）。禾仓建筑地点的选择十分有讲究：一是要靠近水源；二是要远离村寨。靠近水源是为了防鼠，架得高高的禾仓，其下临水，偷吃的老鼠是怎么也进不去的；靠近水源还可以预防火灾，谷仓建在水塘之上，不仅可以阻碍火势的蔓延，还有利于人们直接从水塘中取水灭火。远离村寨则是出于安全上的考虑，村寨内全部是木质建筑，一旦失火，蔓延迅速，损失不可估量。在占里的历史上，曾有许多次全村被祝融付之一炬的经历。谷仓建在远离村寨的地域，可以保证家宅被焚后，还有粮食果腹，不至于使村民一无所有。

图1-9 禾仓

在水塘上，有的时候还可以看到一些由几块木板组合而成的厕所，其简易程度简直匪夷所思（见图1-10）。虽然我时常怀疑这种毫无遮掩的厕所的安全系数和隐蔽系数，但是，只有这样的厕所才能和整个占里融为一色。设想在这样的类似桃花源的环境中，若是插入几个现代化的、砖瓦结构的"公厕"岂不是大煞风

---

① 占里的主要粮食作物。

景？而且，这种纯天然的环保厕所，保证没有各种令人难以忍受的异味，在解决内急的同时，还可以观赏在水塘中悠闲嬉戏的鱼。"上厕所"在占里绝不是一项令人难以忍受的糗事，简直就是人生一大乐事。

图 1-10　简易的厕所

在鱼塘中和溪边还伫立着高高的禾晾。这是用竖两根横十一至十三根木棒互相穿插而成的木质构造，用以晾晒禾把。每逢收获的季节，当金黄的禾把晒满禾晾时，在周围青山绿水、蓝天白云的衬托下禾晾就像一幅美丽的油画（见图 1-11）。这就是占里著名的美景之一，每年都吸引众多摄影名家从全国各地来到这里，拍摄这一幅幅奇妙的美景，将神秘的占里呈现在世人面前。

侗谚有云："未建寨门，先建萨坛；未立楼房，先立鼓楼。"其意思就是侗族把建萨坛和立鼓楼当作侗寨的两件大事。

"萨"是侗语的汉字记侗音，意思是"奶奶""祖母"。在南部方言区的每个侗族村寨都建有萨的住所——萨坛，供人们祭祀。占里的萨坛建在村寨的最高处，平时不允许人们随便出入，住在萨坛周边的人家也要小心维护萨坛周边的清洁和卫生（见图 1-

图 1-11 禾晾

12）。只有在有斗牛活动或者春节"踩歌堂"的时候，才会在鬼师的主持下，打开萨坛的大门，献上茶水和酒肉，祈求萨的保佑。可以说，萨坛的存在比牢固的寨门还要重要，它就是人们心目中的寨门。关于占里的萨坛（占里人称之为"得都"），鬼师公阳海给我讲过这样一个故事：

图 1-12 萨坛（得都）

"得都"（侗语表记汉字，即萨坛）里面供奉的是一位能征善战的侗族女将，名字叫作萨玛铿希（侗语表记汉字，在侗语中是最大的意思）。据说，这位女将军十七八岁，她有两件宝物：一把刀和一把扇子。用刀去砍人，人倒；用扇子向人一挥，人倒。当时各村各寨要打仗的时候，都要请她去帮忙。要问她是哪里的人，我也都记不得了。不过，她最喜欢到平乐那边的一个小寨子里去，坐在那里的崖梁上，还把自己的刀和扇子藏在了那边一个谁也爬不上去的崖上。有人来请她去帮忙打仗的时候，她才会到那里取自己的武器。她帮哪个，哪个打仗就会得胜。当时，侗寨和苗寨都会请她，不过客家没请她。可是，后来一个叫凉郎的长得很漂亮的腊汉①把她给害死了。凉郎，就是凉薄、冷冷的意思。萨希（也就是萨玛铿希，"萨希"是大家对这个女将更通常的称呼）长得也很漂亮，在当时没有哪个人能够讨得到她去（做妻子）。可是，她喜欢上了这个凉郎，因为他长得漂亮。这个凉郎为了要萨希的那把刀，就假装跟她在一起，陪伴她，跟她一起玩耍。在一起玩耍的时候，凉郎就问萨希："你那把刀搁在哪个地方呢？"萨希就告诉了他。这个凉郎就按照萨希告诉他的地方悄悄地去看，果然发现有一个刀把在那里，但是怎么扯也扯不动。凉郎就又去问她："那把刀怎么拿不出来呢？"萨希就说："要是谁去随便拿都拿得动，还算什么宝贝？什么武器呢？""那怎么才可以拿得动呢？你告诉我吧。""你当真要知道？那就把你的心头肉给我，成为我的人，我就告诉你。"凉郎答应了，于是萨希就告诉他，要把埋在地下三年的米酒拿来，然后一喷，就可以拿得动了。"当真？"看凉郎还是不相信，萨希就带他去看。萨希先让凉郎去拉那把刀，说道："你是男的，力气一定很大，你先拉，使劲儿拉！"但刀就是不

---

① 侗语中小伙子的意思。

动；接着，萨希用酒一喷，轻轻一拉，刀就拔出来了。于是，凉郎也要试，结果，当然成功了。然后，两个人就回家了。之后，凉郎悄悄地把萨希埋在地下三年的米酒偷走，并骗萨希说："我来这里也很久了，想回家看看，好不好？"萨希答应了。"我回家看看，过几天就回来了。"说完这话，凉郎就走了。不过在回家之前，他去把萨希那把刀和扇子也拿走了。原来，这个凉郎姓李，萨希姓吴。李家和吴家之间曾有一桩冤案，但是李家从来都搞不过吴家。得了刀和扇子之后，李家就起义了，把这件陈年冤案又翻了出来，和吴家打了起来。因为刀和扇子都在李将军（李凉郎）手里，吴家就搞不赢了，萨希也死了。各村各寨听说萨希死了，大家都很可怜这个姑娘，都来拜祭她，请她的阴魂来保佑自己。（在村子里）搞了一个就像是墓一样的东西，算是给她安了一个位子在那里，喊她过来。还要给她摆酒肉啊，请她来吃。出战的时候，又去那里喊她，请她来帮助。我们现在牛打架也是打仗嘛，也去喊她来帮助。萨希死了以后，就上天变成神仙了。她本来就是仙人，下来做别个（别人）的姑娘（女儿），所以才有刀和扇子，才那么厉害。

——根据鬼师公阳海的讲述，在村民吴老有的帮助之下整理而成，并保留了讲述者的语言表达方式与遣词造句

　　从上面这个故事可以看出，占里人之所以这样看重萨坛，是因为里面供奉的"萨希"是一个聪明美丽却又境遇堪怜的姑娘：她善战，本领高强，又乐于助人，结果却被自己心爱的人所害。人们对这个姑娘报以极大的同情。而更重要的是，虽然她曾经是别人家的女儿，却终究还是天上的神仙，她必然能够保佑占里阖村的安全和稳定，给人们带来繁荣和昌盛。对这一点，占里人深信不疑。

鼓楼是一个村寨中最重要的象征及聚会场所。当置于楼顶的木鼓被敲响时，人们就要立刻集中到鼓楼前，聆听寨老的吩咐。所以一般来说，鼓楼是一个侗寨最先立起和建得最高的建筑物。几乎每个较为古老的侗族村寨都建有形式不一、高矮不等的鼓楼。据有关部门统计，从江县有鼓楼92座，有楼阁式、门阙式、密檐式、干栏式等（贵州省从江县志编纂委员会，1999：115）。鼓楼产生的确切年代无文字可考，但有些村寨传承有"鼓楼是村寨遮阴树或遮雨伞"的观念，说明最早的鼓楼可能是侗族祖先原始简陋的集体住宅，其功用在于遮阳避雨。随着人口的增加、社会的进化，人们逐渐在其周围加建干栏式吊脚楼，形成一个个聚族而居的村寨。仍被保留下来的"遮阴树"的实际功能发生了转换，成为聚众活动、议事的场所。后来，它的功能进一步扩充，开始发挥"置鼓报警、传递信息"的作用（廖君湘，2007：197）。鼓楼曾经遍及整个侗族村寨，历史上侗族人民生活过的地方，都曾经存在过鼓楼（石开忠，2002：11~12）。

当接近占里之时，从远处的丛山密林中眺望村寨，最先映入眼帘的就是一座形似宝塔的高耸建筑（见图1-13）。这就是鼓楼。占里鼓楼呈斗拱结构，顶部攒尖，13层密檐收缩而上，高达20余米，好像一株巨杉屹立在寨子的中央。与周边的民居相比，犹如鹤立鸡群。鼓楼周边为鼓楼坪，底部为六边形，周边用木板封出半人高的女墙，西边留有一扇门。楼内四根主承柱用枋板连接成坐凳，中间为火堂，供人们冬天烤火所用。楼身为12层密檐，呈多边锥柱体，腰檐层层叠叠，由下而上一层比一层小，密檐的封檐板为白底并画有人物、斗牛、汽车、龙、虎、狮等，翼角翘起，鼓楼亭即楼顶是顶檐猛然升高达五至六尺而形成的，露出木柱安置透窗。顶庭六角翘起，盖以瓦片，檐用封板封住，同样画有许多装饰。亭顶用八个球状物串成一串直指天空。为何要在寨中建鼓楼呢？老人们说，远古时候，侗寨中心总要栽上一棵杉树，每当寨内有事发生，头人都要站在古杉树上召集大家到树下来议事。

后来，就建造了鼓楼来代替杉树，并逐渐成为一种习俗。直到现在，每逢遇到火灾水患，寨内鼓楼房屋全部被毁，人们建房总要先建鼓楼，如果一时没有能力建鼓楼，则先立一棵杉木代替，然后才能建房立屋。1921年至今占里共被大火烧过3次，鼓楼也多次被付之一炬，最近一次被焚是在1952年。目前这座鼓楼建于1975年。

图1-13 矗立占里中心的鼓楼

鼓楼是一种自然、社会和文化的综合象征图像。这种象征图像的寓意是希望村寨及人口像杉树一样蓬勃向上，一派生机。不仅如此,由"寨老"、"兜老"①、大家长和小家庭共同构成的网状、层次性的社会结构在鼓楼的宝塔形状中得以反映。它源于植物,却又寓意于社会及其结构,是社会及其结构的立体图像。同时,鼓楼还是社会情感的产物,同时也是维系社会情感并使情感持续下去的象征物。鼓楼上鼓声一响,人们无不立即动身前往集中;在鼓楼中宣布的一切,必须无条件地执行。在鼓楼中举行的社会活动主要有:聚众议事、执行规约、迎宾送客、欢庆节日等。

　　生活在占里的男男女女们,每一天都是日出而作、日落而息,颇有几分陶渊明笔下桃花源的宁静悠远。鸡啼三遍,旭日初生,占里的主妇们就早早起床,为全家准备一天的糯米饭:取头天晚上浸泡过的糯米放入木质蒸桶中;铁锅内加水,木柴烧开,利用水沸腾时产生的蒸汽将桶内的糯米蒸熟(见图1-14)。从小到大,我吃过无数次的糯米饭,甚至自己也曾在家里烹调过专门从占里带回来的糯米,但是,无论是哪里的糯米饭都比不上占里的香。

图1-14　清晨煮饭的占里妇女

---

①　"兜"是侗语的汉字表记,即房族、家族、血族的意思。"兜老"就是族长。

据说占里种植的是一种特殊的糯米——糯禾。这种糯禾不仅适应了当地冷、阴、烂、锈的土地条件和雾多、湿度大、光照少的气候条件，还是当地民族文化体系中不可或缺的一部分。侗家饮食，讲究"饭必食糯，菜必有鱼"，可见糯和鱼在其民俗文化中扮演着重要角色。在占里，种糯是男人们的工作。清晨起床后，抓一把刚刚蒸熟的糯米饭，不需再添加任何调味品，即可吃得津津有味。饭后，男人们三五成群，相互吆喝着，带着芭蕉叶包好的糯米饭，一起上山：春天耙田插秧，夏天割草喂牛，秋天折禾打谷，冬天烧炭养牛，间或扛枪打鸟、下水捉鱼，日子过得逍遥自在，罕见现代都市生活中的仓促忙碌（见图1-15）。

图1-15 在山中烧炭、挑炭回家的占里男子

男人们去山上做活路①，村里只剩下女人和小孩。女人除了要照顾孩子、忙碌家务之外，还要照顾继承自母亲的棉花地，以及自己开辟的菜园。幸好，占里的棉花地和菜园大多距离村寨不远，分布在附近的山坡上，免除了女人们两头奔波之苦。日正当午，

---

① 在从江方言中，"做活路"即劳动、干活的意思。

哄睡了孩子后,妇女们或者三五成群地聚在某家吊脚楼的"美人靠",沐浴着阳光,一边裁衣刺绣,一边轻声合唱来自祖先的歌谣;或者将纺车搬到火塘旁边,借着浓浓的暖意,纺线织布,打发漫漫长日。偶尔也会有一两个年轻姑娘加入这个行列中,或者学习纺线制衣的技巧,或者学习吟唱流传至今的古歌(见图1-16)。

图1-16 纺线中的占里老婆婆

夕阳西下,倦鸟归林,上山的男人们也回到家中。冲凉洗去一身的疲惫后,男人们多聚在鼓楼前抽烟聊天;女人们则纷纷返回家中,开始准备晚饭。占里人一般是一天两餐,主食当然是糯米饭,再佐以腌鱼、腌肉和水煮青菜。虽然简单,但是糯米饭天然的香味和较一般米饭为多的油性,也让简单的饭菜多了一些味道。

月上中天,占里的一天就要结束了。但是对于青年男女来说,时间才刚刚开始。行歌坐月是占里青年男女交际的主要形式,也是单调生活中唯一的调剂品。所谓"行歌坐月",就是侗族青年男女以歌互答,交流心情、表达爱慕的一种手段,也可以说是一种恋爱"预备期"。占里的姑娘和小伙子们在这样的交流中,增进了相互之间的了解,为他们走入以后的恋爱和婚姻生活积累了深厚的感情基础(见图 1-17)。

图 1-17 青年男女的"行歌坐月"

第二节 记忆中的迁移史

就像许多无文字社会一样,占里的历史也缺乏资料依据。在占里老人们的记忆中,祖先们由于原居地人满为患,不得不进行迁移,而在迁移的过程中,又遭遇了战乱、饥荒、欺辱等,记忆中的迁移史简直就是一段充满苦难的历程。虽然,最后在占里定居,并开始幸福的生活,但是人们在寻找家园的过程中,可谓血泪斑斑。因此,安稳生活、避免迁徙是占里人所渴望和尽力维持的一种生活状态。这也是后来在人口与资源产生矛盾的时候,占里人不得不选择自觉控制人口数量的原因之一。控制人口是占里人面对有限自然环境和资源的一种不得已的"策略",是一种文化的"选择"。

先前,我们的祖先居住在江西。那时候人多地少,仅有的土地根本养不活所有的人，地方真是太穷了，人们生活也特别恼火（穷困）。后来，我们的祖先只好开始迁移，先是到了广西梧州，生活了好一阵子。后来，因为战乱和饥荒，被迫在二月初一沿（都柳）江而上，却一直难以找到安身之处。最后，终于到了黎平一个叫那旦坡的地方住下来。在黎平，租种别个（别人）的田，收成是要对半的，生活依然很困难。而且，在黎平那里，田少人又多，大寨还欺负小寨，我们经常被人家欺负，没得办法。祖先们只好继续迁移。后来到了（四寨）河口那里，离付中不远的一个坡，总算是安稳了下来。但是，付中地势较高，祖先们总是掌握不了那里的天气情况，早晨起来，看到山间雾气蒙蒙，以为要下雨，上坡的时候就带上了雨具，结果山间出了大太阳；以为天气晴朗，不用带雨具的时候，却又偏偏下起了瓢泼大雨。几次三番下来，祖先们觉得这地方不好。而且，当时付中是个很大的寨子，人口也很多，他们的田也不够。付中的人就对我们的祖先说，你们继续往里面走，里面有一大片田，我们都给你们去（种）。（为什么付中人那么大方？）因为里面有老虎啊，以前（占里）这里老虎好多嘞，付中人也怕哦！他们让我们住在里面，帮他们挡着老虎啊！（你们侗家不怕老虎吗？）我们不怕，老虎不吃我们的。说来也怪得很，老虎吃别个（别人），但就是不吃我们。我们的祖先是五个兄弟，开始住下来的时候，正好是八月初一，现在每年我们都要在鼓楼前面搞（祭祖仪式），那五家每家出两个人，再加上两个寨老，一共十二个人搞才搞得成。住下来之后，我们还动过一次。就是，我们一开始住在坟山①那个坡上，可是那时候，我们种什么都不得，做什么都不顺手，田也不多，还要租别人的田，生活十分困苦。后来就来了一个地理先生，不晓得是我们请来的

---

① 离占里村不太远的一个小坡，现在已经成为村里吴姓家族的公共坟地。

还是他自己来的，反正他给我们看了后说那里风水太差，让我们再沿溪往下迁，就是现在建寨的地方，而且必须要在村口建一座桥，这样才好。按照地理先生的话做了之后，我们的生活真的慢慢地好了起来，又花银子从周边村寨买了很多田，就成了今天这种情况了。你不要看这里现在这样大，以前那条河是很大的，旁边都是一些塘塘（水塘），根本没有办法建房住人的。我们就把那些塘塘都填了，搞平了，然后在那上面建房子，慢慢发展起来的。

——根据寨老公阳海和鬼师补太的讲述，结合公团、公超、公艳等寨老的补充，在村民吴老有和吴老捞的翻译之下整理而成，并保留了大部分讲述者的语言表达形式

江西现在没有侗家了，全部都是客家。不过我们是侗家，从江西迁过来的时候就是侗家。开始我们从下面上来，（虽然）没（不）懂侗话，但是还是侗家。后来搬到上面之后，周围都是侗家，讲侗话，（我们）跟这里的人家学，慢慢地就会说了，小娃崽们也都懂侗话了。

——寨老公阳海对我质疑占里人族属时的回应

从上面关于村寨来源的传说来看，占里侗族的组成应该是由多元，最后发展到一体的。首先，占里是一个在迁移的过程中形成的群体，也就是村民口中的"我们的祖先"。他们最初从江西到广西再到贵州，一路行来，吸收了不少沿途民族的元素。在这个过程中，有融合，有斗争：既有接受当地民族惠赐的时候（在梧州、付中），也有遭受当地民族欺压的时候（在黎平），不论是惠赐还是欺压，都增加了民族之间的接触和融合。其次，在首批到达占里的"祖先"定居之后，也有多次人员的迁入，其中既有侗族，也有苗族，当然也可能有汉族（尽管占里人极力否定这一点）。

在传说中，五个兄弟发展成为五个兜，实际上并不是五个有血缘关系的兄弟，而是有拟制血缘的兄弟。这从占里的婚姻习惯法中就可以略窥一二。占里实行村内婚，男不外娶，女不外嫁；在婚姻圈上实行兜外婚，属于同一兜的青年男女不得婚配。在结婚对象的选择上，占里人习惯上只能从不属于自己所在兜的另外四个兜中去寻找。可见，允许婚配的这五兜之间，原则上来说，是没有血缘关系的。

本来没有任何亲缘关系的人们，通过结成拟制兄弟的关系，并使用同一姓氏"吴"，大大增加了当事者对归属同一亲属集团的认同。拟制亲族相互之间由于在心理上结成了同属的感情，作为兄弟，他们相互扶助，同心协力，共同履行血仇义务，坚守婚姻禁忌，当一方死亡时其他人要为他守孝（石川荣吉等，1994：112）。在村落初建，力量不足以对抗外力的时候，拟制血缘兄弟关系的结成，对促进村寨的共同认同感具有积极意义。当然，拟制关系的结成需要一定的仪式，如同饮酒、共啖肉等。至今，在占里每年一度的纪念祖先到达占里的节日上，就有这么一项仪式：当初最先到达的五个兄弟的后人，每家委派两个代表，加上两个寨老，一共十二个人，在鼓楼前共同盟誓，共饮血酒，最后还要杀一头大肥猪，将其肉均分给全村每一家。这一仪式，应为当年曾经有过兄弟结义、歃血为盟的证据。

占里除了吴姓之外，还有一些小姓，其人口不多，影响不大。比如，潘、黄、石三姓各两户，彭、贾、伍、孟、蒋、杨六姓各一户，已分别加入了吴氏的五个兜中。

> 我们这里都是从五兄弟下来的吴家的。（姓吴的就没有后来的？）姓吴的里面也有后来的，不过比较少。别的那些人家（小姓）都是后来过来的，从托里、峦里、朝里那边过来的。他们那里很穷的，又没田；我们那时候田很多，他们到我们这里来以后，开始也是给我们当长工，做活路，我们给他们

一口饭吃，一个地方住。后来，（土改时期）我们也给他们分了田，让他们在我们这里住下来。再后来，（"文革"时期）就不让我们吴家的人管事了，村长、支书只能是他们外面来的人，整天带我们革命。(跟小姓的人结婚要看他们是哪一兜的吗？) 他们跟我们不一样，随便他们，想看就看，不想看就不用看。不过，他们死了，也不能进我们的坟山①（见图1-18）。

——根据吴姓村民们的讲述记录整理而来

图1-18 占里的坟山

我们是从朝里过来的，到占里差不多有一百年了吧。最早，我们的祖先是被请过来做教书先生的。后来就跟这里的姑娘结婚，在这里成了家，落了户。攒了一些钱以后，我们的祖先也在占里买了一些田。解放后划成分的时候，我们家

---

① 占里主要有两座坟山，一座属于吴家，埋葬历代死去的吴氏祖先；另一座则是乱葬，非吴氏家族的人和暴毙的人大都葬在那里。两座坟山都在村寨附近，虽然位置相近，并行而立，却界限分明。在图1-18中，左侧较远处的是吴氏坟山，右侧较近处是乱葬坟山，即非吴姓家族的坟山。

是贫农。我们也要遵守计划生育,一对夫妻只能生一男一女,要是违反的话,就会被赶回(朝里)。八月初一的时候,我们不去鼓楼,那是他们吴家的(事情)。我觉得,我们跟他们吴家没有什么区别,我们也都爱吃酸的。虽然占里姓吴的最多,但是大家都住在一起,我家也没有被别人家欺负过。

——根据一位杨姓占里人的讲述记录整理而来

现在占里的小姓们,迁入的时间还不太长,且因为某些历史遗留问题,占里的吴姓人家对"我们""他们"区别得很清楚。在一些禁忌仪式中,将"他们"排除在外;习俗过程中,也不强迫"他们"必须遵守。可见,这些人由于居住的时间尚短,和先迁入占里的人家尚未融合为一体:①仍旧保留自己的姓氏;②不需要遵守共同的生活禁忌;③没有共同体的认同和归属感。

由于侗语没有文字,关于占里的历史,除了古歌和传说之外,无从考究。唯一有确切纪念的标志,是村头的一口古井(见图1-19),上刻有"嘉庆三十二年"字样,可知占里的迁入史应当不晚于这个时间。占里的历史变迁与侗款组织有着密切的联系。关于占里的最早记录"三十托里,五十占里"也是出现在款词中的。民国前后,占里受款组织约束,当时占里和付中(苗寨)、驮里二寨合为一个小款(约500户)(廖君湘,2007:142~143),属千三款。① 新中国成立后仍或多或少受其影响。款是侗族村寨(有时也有个别外族村寨加入)之间为了共同防御外族或有敌人入侵时的一种自卫组织。

"山中无岁月",随着时代的变迁,深山中的占里也逐渐被纳入国家体系之中。有建制记录之始,占里属黎平县,后属该县的第五区,即双江区管辖。1942年占里由黎平划归入从江县管辖,

---

① 范围包括银潭、谷洞、占里、邦土等寨以及黎平县的双江乡、四寨乡等一些村寨。集中议事的款场在弄树。

图 1-19　占里老井

隶属该县第二区，即贯洞区，是该区高增乡第八保。1951年改为高增乡第六村，1953年改隶属丙梅区，即第一区，并建立乡级政府机构，定名为和平乡。1957年属银潭片区，1958年属丙妹公社和平工区，1960年和付中一起被并入小黄工区。1961年公社划小，以原乡范围建立公社，定名为和平公社，占里为公社所在地。和平之称是新中国成立之后命名的。居住在这一区域的占里、托里、付中、三联、五一等村寨在旧社会经常因为闹纠纷而不和；新中国成立后，改名"和平"，是希望这些村寨能够和平相处。1984年8月改社为乡，恢复和平乡之名，仍属丙梅区管辖。1990年撤区并乡，占里所在的和平乡被并入高增乡，占里被取消乡级建制，从而成为高增乡的一个行政村，直至今日。

第二章
万物一体：生存环境

地域环境是人类赖以生存、生活的场所，也是文化形成、发展的必备条件。大多数民族都有一个比较稳固的生存环境作为民族生存和延续的必要空间基础。自然环境是自然空间及其所附带的自然属性；社会环境是某一具体民族周边与其以不同方式共存的社会范畴内全部社会实体的总和，诸如民族、国家等。占里的生存环境也由特定的自然和社会环境两部分构成。生活在这样一个特定的生存环境中的占里人，形成了一种特定的自然观。而在这种自然观之下，天、地、人"三者互为手足"，构成了一个和谐的生态环境。

第一节 自然环境

一 环境条件

身处占里，最大的感受就是山高林密。

占里的地理坐标为东经108°52′~108°56′、北纬25°27′~25°55′，海拔380米，四周被鸡大、梁若、林冷、林今梁四座山包围，山上的树木郁郁葱葱，将山体染成了苍翠的颜色；境内还有正溪、本溪、四寨河（又称双江）三条溪流（石开忠，2001：23），常年流淌不息，为人们带来了丰富的水力资源；占里年平均气温 16.6℃ ~ 17.8℃，其中元月份平均气温最低，为 7.1℃，七月份平均气温最高，为 27℃，元月份和七月份的平均气温相差不到 20℃；一年中无霜期为 304 ~ 320 天，年降雨量 1224.1 毫米，年干燥度 0.78，是一个雨量比较丰富的地区。占里四季分割不是太明显，一般来说，春季 65 ~ 70 天，夏季 94 ~ 117 天，秋季 49 ~ 61 天，冬季 117 ~ 157 天（贵州省从江县志编纂委员会，1999：57）。

占里得天独厚的地形、地貌与气候条件孕育了丰富的野生动植物资源。成百上千种热带、亚热带、温带、暖温带的药用植物、芳香植物、食用植物和菌类，提供了医治疾病的药物、美味的水果和饭桌上必不可少的调味料；蜿蜒而下、流经村寨的小溪，不仅便于村民用水，还提供了营养丰富的鱼类资源；山野、森林、草地栖息有大量的野生禽类和兽类动物群，如野兔、野猫、田鼠、黄雀、斑鸠、野鸡等，提供了大量的动物蛋白质。森林树种繁多，是国家重点林区之一。森林覆盖率达到 90% 以上，林木资源极其富足，尤其盛产杉树。杉树生长迅速，材质优良，可"干千年（用作建筑房屋），湿千年（用作堰坝梁材），半干半湿几十年"（石开忠，2001a：6）。历史上杉树曾经深刻地影响了占里当地社会、经济和文化的发展，直到现在，杉树作为优质的建筑材料，依然在人们的生活中发挥着无可替代的作用。占里适宜生产的粮食作物主要是糯禾，其次是薯类和豆类等；经济作物有油菜、油桐、椪柑、烤烟、棉花、蓝靛等。

占里的自然环境特点是层峦叠嶂，峡谷幽深，道路崎岖，地形多变；冬无严寒，夏无酷暑，雨量充沛，适宜农耕；孕育了茂盛的森林和各类草本植物，为众多野生动物的生存和繁衍提供了良好的生态环境。占里雨热同季，适于农作物尤其是水稻的生长，也适宜林木渔业的经营；同时由于地处山中低谷之地，加之日照偏少、春季回温迟、秋季降温早、降水集中、雨量季节分配不均等气候弊端，导致水旱、倒春寒等灾害性天气时有发生。这样的生态环境，可说是利弊各半。有利条件是，雨量充沛，气候温和，适宜农业发展和经济作物生长。不利条件则是，地形多变，平坝田少，难以灌溉；山高林密，日照不足，影响产量；山高路远，交流不畅，技术原始。这些自然条件决定了生活在这里的人们除了现有的，很难再开拓出更多的土地和资源；而要获得必需的生活资源就要付出更多的劳动，才能保证粮食作物的稳产和高产。

二　人与自然

讲环境，不能离开人。人对自己生存其中的环境的认识，从侧面上也反映了当地环境的状况。占里人对周边的环境有自己的认识和看法。在他们流传至今的古歌中，天地万物早于人出现，自然是主，人是客。

万年以前，天地混沌未开。既没有光，也没有动物，更没有人。后来，天上有了太阳。有了太阳的照耀，世上才有万物。莫高养①莫老，莫老养莫俊，莫俊养将活，将活养艾容，艾容养忒痛。②忒痛③养了五个崽，老大是将谷老，将谷老养里符王，里符王④是老虎的祖先；老二是龙；老三是鸟；老四是蛇；老五是人。这五个崽既是兄弟，又是朋友。后来，

---

① 这里的"养"就是生养的意思，为讲述者用语，记录整理时未做修改。
② 因为找不到对应的汉语称谓，莫高、莫老、莫俊、将活、艾容、忒痛等均采用侗语的汉语表记。
③ "忒痛"是至今流传在占里乡间传记中一种鬼的名。据说，忒痛的身体由颜色不同的七节组成，红红绿绿的，远看有些像灯笼。忒痛平时住在天上，有的时候也会到人间来。它从天上下来的时候，身体的七节会分解成一节一节地下来，落到人家的房顶上后，再组合起来；要回天上的时候，也是一节一节地回去。忒痛一般都是半夜而来，不入家门，而在房顶的天窗处往里面看。如果有不听话的小孩子，半夜不睡觉，使劲儿哭的话，就会把忒痛招来。说"忒痛来了！"一般是乡间用来吓唬小孩子的一种手段。此处根据鬼师公阳海的讲述整理而成。
④ 将谷老、里符王等均为侗语的汉语表记。

老虎归山，龙入海，鸟在天上，蛇进洞，人在地下。苗家在高坡，客家在河边，侗家到处有。苗家会射箭，客家擅拿笔，侗家什么都会。……

——根据歌师补噶讲述的故事整理而成，村民吴老朝担任了翻译工作。记录中，由于找不到对应的汉语，因而保留了大量的侗语词汇

占里人认为，在光和太阳的照耀下产生了万物，所以自然环境是一个整体，不可以随便破坏，这样它才能够给所有的生物以活力。整个自然界又可以分为两类：一类是直接由阳光照耀产生的，如树木、草、山川、河流、石头等，它们先于人类产生，在自然界中处于"主"的地位；另一类是在自然界的某一个环节中派生出来的（忒痛养五崽），如人、兽、虫、鱼等，它们都是"一母所生"的"兄弟姐妹"，在自然界中处于"次"的地位。当地人有"山林树木是主，人是客人"的说法，而客人是不能随便动主人家里的物品的。这种思想，在客观上对生态环境起到了保护作用。

占里人认为，不管是山林、树木，还是鸟、兽、虫、鱼，都是有灵性的，但是，它们在生态系统中又各自构成生物链中的一环，存在砍与被砍、吃与被吃、杀与被杀等关系，这就有了许多禁忌及仪式。这些禁忌和仪式也说明了人对自然的一种态度。下面就以占里人的几个生活习惯为例加以说明。

（一）吃肉先吃瘪①

"瘪"是占里饮食中的一道最具有特色的菜肴。刚到侗家做客

---

① "瘪"就是在宰杀食草性动物（牛、羊）时，将其胃和小肠中尚未消化的草渣滓取出来，挤出其中的绿色液体备用。在烹制的牛羊肉将熟的时候放入适量。占里人认为，这种东西是未成型的"牛粪"。我在占里调查时曾无数次看到并亲口品尝过牛瘪，感觉未煮之前是臭草味，正煮之时是牛粪味，入口之初是微苦味，饭后才知其香味。烹制好的牛瘪呈黄绿色，入口微苦，据说有健胃、祛热和助消化的功效。

的人，可能不太习惯这种略带特殊气味的食物；看到瘪的烹调过程，可能会让更多的人难以下咽。但是，占里人感觉瘪甘之如饴，认为瘪是不可或缺的。那么，占里人为什么会吃瘪呢？老人们给我讲了这么一个故事。

  以前，世上的动物原本都会说话，还能跟人交流。可是正因为动物们都会说话，人就不敢吃它们了。你想想，会说话，那不是跟我们一样吗？可是，不吃肉怎么行呢？不吃肉怎么会有力气上山做活路呢？于是，人就决定不让动物再说话了。可是，这样一来，牛很不甘心。它跟人说："你们人又让我上山劳动，还要吃我的肉，这怎么可以呢？对我们牛太不公平了，我不同意（不开口说话）。"于是，人就答应牛，（为了公平起见）吃肉的时候，一定要吃瘪。瘪是什么啊？瘪就是屎啊！牛看到人虽然吃自己的肉，但是也吃自己的屎，这才甘心，同意以后不再开口说话了。

——根据占里老人的讲述整理而成

  在这个故事中，虽然看起来是以人为主：为了吃牛肉而不让牛再像人一样说话，但是，实际上，在面对自然的时候，人并没有那么多的自主性。首先，吃肉并不仅是为了满足口腹之欲，更重要的是为了保持体力从事劳动，从肉类中获取一定量的蛋白质是必需的；其次，人对自然并没有完全的决定权，要通过与自然的协商来解决问题，即人要吃牛肉，牛不同意，那就要商量；最后，要满足自己的需求，必须要以牺牲自己部分的利益为前提，即要想吃牛肉，就要吃"牛屎"。从这项饮食习惯中可以看出，占里人与环境资源之间的关系：利用资源，但不任意妄为。

（二）老虎不吃人

  看到老虎，你会有什么想法？脑海中的第一反应就是："老虎要吃人，快跑！"可是占里人却对猛虎加以保护，禁止人们猎捕老虎。为什么不准打老虎呢？因为老虎不吃占里人，因为老虎和占里的祖先有关。

有一年冬天，天气特别冷。一个叫吴公里的老爷爷去打猎，在山坳里发现有一只小老虎冻死了。于是，公里打算把小老虎烤来吃。没想到烤了大半夜，小老虎又醒过来了。小老虎以为是公里救了自己的命，于是就跑回家去找它的妈妈，并且告诉妈妈说："有个占里的老公公很善良，生火救了我。"那时候老虎都会说话，还能跟人沟通，不知道为什么现在都不会了。老虎们听说公里救小老虎的事情以后，就抬了一块白石头，跑来跟占里人达成了协议：谁要是想吃占里人，先得把这块白石头咬成粉（才可以）。你想啊，石头怎么可能咬成粉呢？不可能的啊！所以，别看这里以前老虎多得很，但是它们只吃猪、牛啊什么的，都不吃我们哩。

——根据歌师补噶的讲述记录整理而成，村民吴老朝翻译

在占里的传说中，动物都是具有灵性的，而且都会说话，可以和人交流。可见，在占里人的观念中，动物跟人没有本质上的区别，大家都是一家人，因此要友好相处，不能互相残杀。无论是上文故事中作为人类生产工具的牛，还是这个故事中作为人类生存威胁的老虎，在占里人那里，它们的存在跟人没有冲突，相反，可能还是人存在和发展的助力。

（三）长不高的马桑树

占里人认为，山林与人们的生存是密不可分、息息相关的。山林是主人，而人只是匆匆过客。所以，占里人非常重视对树木的培育和利用。占里有植树造林、保护森林的优良传统。春耕前的第一件大事，就是全村不分男女老少上山植树造林。由此看来，占里人是把植树造林看成人生中的一件大事来完成。占里的主要燃料是木柴和木炭，每家都有自己的小片山林，而且每年要砍伐

一次。在砍伐的前一年,要先种植新树,待树苗成活后才可以砍伐相当数目的大树,劈开晾干后用作柴火;冬天到来之前,还要上山烧炭,备足取暖用的木炭。要砍伐之前,就要先栽种,年年如此,家家如此。不是自家的山林,绝对不允许随意砍伐。在占里人的观念中,只要是树木都应该得到很好的保护,而不以其是否能够作为优质燃料为标准,连马桑树这种不易燃烧的树种都被列入了保护的行列。关于马桑树,占里的老人还给我讲了一个传说。

> 马桑树以前长得好高,能高到天上去,够得着太阳哩。据说,顺着马桑树的树干往上爬,就能爬去天上。后来,洪水来了,天上的神仙派了12个太阳来晒干洪水以拯救人类。水是晒干了,人也快被热死了。有个人(他有名字的,不过我记不得了)就沿着马桑树的树干爬上去,射下了11个太阳。神仙就责怪马桑树长得太高了,就念咒语:"马桑树,不要高,长到3尺就弯腰。"从此,马桑树就长不高了。
>
> ——根据占里老人讲述,结合石开忠教授的记录整理而成(姚丽娟、石开忠,2005:178)

老人们经常告诫孩子们,大树都是有灵性、有知觉的,如果你砍它一刀,它也会哭泣。听着这样故事长大的占里人,哪里还忍心对大树乱动刀呢?占里六条村规民约中,也专门有一条,要求人们不得随意砍树。面对漫山遍野的大树,占里人唯有敬畏之心了。甚至在用猎枪打鸟的时候,占里人也考虑到鸟和树木的关系,不随意开枪。占里男人们热衷于打鸟,每每上坡做活路都要背枪而行。打中了鸟,一是可以体现自己的男子气概,二是可以为单调的午餐增加一道美味佳肴。但是,占里人打鸟也有三不准:一是不准打山林中"常驻"的鸟,它与山林相互依偎,谁也离不开谁;二是不准打春天的鸟,因为春天的时候,山林刚刚萌发嫩叶，尚需要鸟类的保护；三是不准打小鸟，因为小鸟还没有长大。

也许正是因为以上的原因，占里森林资源丰富，两三人合围的大树比比皆是，几十平方公里的原始森林和次生林郁郁葱葱，将占里掩映在一片绿色的海洋中。但是，保护并不是禁用，而是有计划地充分利用。比如，占里人最主要的建筑用材和燃料用材就是杉树。在占里，杉树是修建吊脚楼、禾仓、禾晾、风雨桥、猪圈、牛圈等的主要原料。用来修建吊脚楼的杉树要笔直没有分杈，忌讳分杈多和立着死的。与其说是忌讳，不如说是让这两类树回归自然。死了的树，就让它腐烂变成肥料；分杈多的，就让它继续生长，长出更多的枝杈供人们作别用。杉树一经砍下将全部被利用，一点都不浪费：主干做柱子或板子，树皮用来盖房顶，靠树尖的一节锯成两半做禾晾柱子，树尖做禾晾横栏，剩下的皮板用来围猪圈、牛圈，刨木花儿用来烧火。总之，物尽其用。占里人认为，只有这样，人与山林才融为一体了，而且可以从山林中得到用之不竭的资源回报，从而达到人与山林的和谐共存。

占里人世代与山林共存，但在共存的过程中，随着人口的增长，有一个问题逐渐凸显出来，即人口发展与自然承载间的矛盾。从日常生活中看到的树与雀的共存关系中，占里人总结出了人口与自然的和谐相处之道——"一棵树上一窝雀，多了一窝就饿死"。简单朴素的话语中，浓缩了控制人口的思想。在占里人眼中，自然的容纳力不是无限制的，人要想生存下去，就必须要适应环境，在考虑环境承载力的基础上发展人口。就像歌谣中唱到的，在一棵只能容纳一窝雀的树上生存，如果"雀口"超过了树的承载力，其结果只能是一起饿死。祖先留下的地是一定量的，好比那一棵再也容纳不下第二窝雀的树，在新的规模性开发无法进行的前提下，如果放任人口增长，其结果也只能是重蹈祖先四处漂泊、寻找新家园的覆辙。而这恰恰也是占里人不愿意看到的。因此，在有限的资源空间中生存，人口控制被提上了日程。

第二节　社会文化环境

占里的自然环境特点是山高林密、交通不便。此间事"不足为外人道也"。固然,这样一个相对"封闭"的环境可以让占里少受外敌侵扰,保护村寨安全,文化上也是自成一格,但同时也造成占里与外界接触中的障碍。自古以来,占里便少为外界所知。若不是 20 世纪 80 年代追捧"换花草"的热潮,也许这个遗世独立的村寨还在继续着自己原本的生活步调。

一　进入国家体系的占里

从行政区划上来看,在最早的"款"组织中,占里与付中、驮里组成一个小款,共同的对外防御活动比较多。建制之后,占里先是隶属黎平县,因为占里以北就是黎平县辖区,日常生活中与黎平县侗族接触也比较多。占里的田多,有些田实在距离村寨太远,就租种给黎平人,只等糯禾成熟的时候折禾即可;而黎平由于田少,为了多得些糯米,也乐于租种占里的水田。至今,占里还有一些老人说:"我们以前是黎平的,后来不知道为什么就成了从江的了。"1942 年以后,占里开始划归从江县。虽然占里在建制之后,名称改来改去,时而"村"时而"乡",时而"工区"时而"公社",行政区划范围也时大时小,但终归是已经进入国家体系之中,日渐受到国家大环境的影响。

> 我还记得,土改的时候,我们划分成分,这里有两户地主,也有几户富农,还有中农和贫农。要说啥是地主、富农的,我们也都不清楚,好像主要是他们粮食多,别个没有粮了就跟他们借,然后他们就收利息。反正,干部就说那是什么剥削的。那时候,斗地主、斗富农是常有的事儿。只要是村里收成不好啦,生产上不去啦,就说是地主和富农在内部

搞破坏,然后就让大家一起去开批斗(大会)。当时斗的大多是寨老和鬼师之类的。那时候,都不让我们村的姓吴的人当干部,都是那些外来的(当干部)。印象最深的是1959年到1962年,壮劳力都被抽调去修公路了,你看从江那条国道,就是我们修的,国家没花一分钱哩。村里没了劳力,只能是妇女跟老人做活路,又赶上自然灾害。交了12万公斤公粮后,村里就没剩下什么(粮食)了。那时候不是"大锅饭"嘛,每个人每天才得这么一坨坨(拳头大小)糯米(饭),饿死了好多人。"文革"的时候,大家都不搞生产了,天天搞斗争。像我们这里的鬼师,你要问我信不信,有的时候也是不信,但是,家里有人死了的时候,鬼师是肯定要请的;有病医了好久也不好的时候,你自然也就信了。反正,我们这里的人还是很迷信的。但是,那时候,作为一项政治任务,谁还管你是不是鬼师啊,该斗也得斗啊!没得办法。当时内部矛盾也是很尖锐的,要不为什么都不让我们吴家的人当村领导啊!(20世纪)80年代初的时候[①],我们重新恢复了鼓楼盟誓,希望能够恢复一些传统的东西。但是,你看看,现在越来越多的年轻人不是出去上学就是出去打工了,村里懂那些东西的人又都年龄大了,以后占里会成什么样子,谁知道呢?

——记录来自一位占里村民对新中国成立以来占里历史的讲述

从这位村民的讲述中,我们可以看到,占里近代的命运已经和新中国的历史牢牢结合在一起了。新中国成立以来所发生的重大事件,都给占里打上了深刻的烙印:土改、人民公社、"大跃进"、"文革"以及改革开放以来由于农村青壮年劳动力流失带来的文化传承断层。占里,已经越来越被卷入国家体系之中,不管

[①] 一说是也有人说是在1978年恢复鼓楼盟誓。

它是自愿的还是被迫的。

二　占里与周边村寨的关系

从地理位置上来看，占里北接黎平；西北靠谷坪乡的五一村，西南是付中苗寨；在东南有托里，东挨岜扒；西面和谷坪乡的银潭寨隔四寨河相望。除了距离最近的付中苗寨之外，从占里要到其他村寨都不是一件容易的事情。也许在地图上看起来，村寨与村寨之间的距离不是太远，但实际上，它们可能恰好位于两座山上，不仅要翻山，还要越谷。如果真的要走的话，即便是惯于走山路的占里人，没有个小半天也不可能到达。所以，若没有重大节日，占里人也很少去周围这些村寨访亲探友。

提到占里及其周边村寨的关系，有一个至关重要的影响因素不得不提。这就是"变婆"。有人说："侗族，无村不'变'。"意思就是，"变婆"在侗族村寨中是普遍存在的。那么，"变婆"到底是什么呢？

> 变婆，用我们侗话来说就是"BIN"，就是变化的意思啦。它们大多都在山里，算是一种半人半鬼的东西吧。我也不知道该怎么讲，反正它们不算是人，也不算是鬼。鬼是看不见的嘛！那就应该说是一种死人吧！有"变婆血"家里的人死后都是要"变"的，就是变婆。从外表来看，"变婆"跟人（模样）差不多，面色苍白，唇色发灰，长相难看，也不会说话，只会胡乱吼叫；不过，它们不会轻易到人的家里去，大多会去看自己的亲戚。如果有（普通）人不小心撞见了它，轻者断子绝孙、没有后代，重者神经错乱、魂飞魄散。以前我外公就曾经见过变婆，因为他的堂弟娶了一个有变婆血的妻子。据说那是一个早晨，我外公他们还没有起床，却听到外面房间有咚咚的舂米声，正在疑惑是谁这么早就在舂米，外公起床一看，吓了一跳，原来正是寨上一个已经死去的人。

我外公就知道,这个人肯定是"变"了。正是因为看见了变婆,所以我外公那一家现在已经没有后人了,应验了断子绝孙的说法。

关于变婆的由来,还有一个传说。据说,从前有兄弟两个在山上做活路的时候,偶然间看到了一条蛇在蜕皮,想到家里的妈和爸都老了,早晚有一天会死,那这种蜕皮后"死而复生"的方法不错,就跟蛇商量——那个时候的蛇都会讲话的——拿到了可以"死而复生"的药。兄弟两个回到家里以后,把前因后果讲给了妈和爸听,两个老人家也很高兴,(认为)从此后就可以永远(和自己的孩子们生活)在一起,就吃了这种药。但是后来,在哥哥的孩子降生的那个夜晚,妈却死去了。兄弟两个悲痛欲绝,去找蛇理论,为什么我的妈明明吃了药,却还是死了。蛇告诉他们,不用着急,你的妈还会回来的。果然,在几天以后,他们的妈回来了,只不过样子已经变了,而且也不会说话,只会哇哇怪叫。兄弟两个虽然伤心,却也没有办法。

我们占里大概有30户是变婆家(全寨一共160户)。变婆的"基因"是可以随着血传下去的,也就是说,如果父母双方中有一个是出自变婆家族,那么,他/她的孩子死后也都会"变"。这是丢死人的事情。你不要去问人家啦,要是正好问到一个"变婆家"的,人家会不高兴的。在村里吵架,"死变婆"也是极端恶毒的骂人的话,也都很少说。一般来说,村里不是变婆家的人就算娶不上老婆,也是不愿意和变婆家的人结婚的,怕成为亲戚后,变婆找上家门。实在因为身体缺陷或者穷得不得了而找不到老婆的人,才会勉强和变婆家的人结亲。除此之外,只能变婆家与变婆家相互开亲。

因为有"变婆"是一件丢死人的事情,所以变婆家就算有人快死了也是绝对不会通知村里人的,连鬼师也不会请。

当然，我们也是很怕的，如果知道变婆家要死人了，我们通常也是不敢出门的。有的时候还要请鬼师作法，给我们家四周设立障碍，阻隔变婆进入。变婆只有它们家的人才能够对付得了，像是阻止死人"变"或者杀死"变婆"，普通人是没有办法的。如果人死了以后，尸体是软软的，那么毋庸置疑，它是要"变"的。为了阻止它，家族的人就会用锅把麻油煮沸，灌进死者的口中，这样尸体就会变硬，就没法"变"了。我听说，如果变婆家的人阻止他们家所有的死人"变"的话，那么对本家族也是有害的，比如种禾颗粒无收啦，家中的孩子也会越长越难看。所以，他们还要隔三岔五地允许一些人"变"。对付变婆的最后手段就是杀死它。普通人，像你像我都是不行的，只有变婆家的人才可以手持利刃，将它们的头颅砍掉，最终结束它们的生命。"变婆"，又不是人又不是鬼的，活着也是受罪，最终的死亡也许才是一种解脱。

你要问我信不信？我当然是信的啊！以前，我们村也有人不相信这种事情，爱上了一个变婆家族的姑娘——我怎么不知道那个姑娘是变婆家的啊，我们村里谁是谁不是大家都清楚着呢！还跟她结了婚。后来他们的两个孩子——一男一女都没有长大就死了，那个有变婆血的妻子教给他这些方法，让他往自己孩子的嘴里灌滚开的麻油，不让他们"变"。这些事情都让这个人难以接受，怕得很呐。他就决定跟自己的老婆离婚。他妹妹知道后就劝他说，反正现在也已经是这样了，离婚还要罚款，而且再找另一个好人家姑娘结婚的可能性也基本没有，还是凑合着吧！经过很长时间的思考，这个人最终还是决定跟自己的老婆复婚了。当然，他们后来也没有孩子，到现在，那家人已经没有后代了。

虽然不能和变婆家的人开亲，但是做朋友还是没有问题的。因为变婆只会去找自己的亲戚，朋友不在亲戚之列，所以没有问题。要问为什么村里人没有把这样的变婆人家赶出村寨，当然是因为如此丢脸的事情，谁也不会承认的。人家不承认，总不能硬把人家赶出去吧！再说了，把人家赶了出去，这些人又该去哪里生活呢？（关于变婆的事情）你不要问我了，我都不知道。你要是真感兴趣，就去问芭扒的人啦，他们最清楚了，因为就在前几年，芭扒还有很多人亲眼见过变婆。

——根据一位占里村民的讲述整理而成

"变婆"的故事虽然在侗族乡间广泛流传，但是大家对其讳莫如深。日常生活中也不会主动跟你讲起，以至于一个在占里做调查将近一年、号称自己已经完全了解占里文化的研究者，丝毫不知占里还有这样一种存在。[①] 我也是在极为偶然的状况下，了解到关于"变婆"的一鳞半爪。当然，本节并非讨论这个传说本身，而是希望借此说明占里与周边村寨的关系。

在周边村寨的观念里，占里虽然田多粮足、不愁吃穿，但是也地处深山，交通极为不便，关键是森林茂密，变婆多。出于恐惧，周边村寨也不愿意同占里人结成更为紧密的亲戚关系，比如婚姻关系。而占里则认为外面的那些村寨人穷、田少、坏人多，而且生活习惯也不一样。虽然，年轻人之间"行歌坐月"的事情常有，但是谈到结婚，则困难重重。如表2-1和表2-2所示，现在本村居住的196对夫妻中，只有5人从外村娶回妻子，占总数的2.55%；出嫁到外村（地）的占里女性也只有8人。[②]

---

① 关于这个研究者的故事，也是占里人亲口讲给我听的。据说这位研究者在参与调查近一年、即将离开的时候，宣称自己已经获知了占里文化的全部。当我追问村民是否曾经告诉过她关于"变婆"的故事时，村民们只是含笑摇头。

② 由于姑娘出嫁后多将户口迁出，增加了我进行户籍调查的难度。因此，此项调查数据只能够通过对多名村民的走访获得。不过，因为这一数据完全是通过村民的回忆得出，时间太长的话容易出现记忆的混淆，因此，此处统计的外嫁女性年龄限定在60岁以下。

表 2-1　占里的婚姻关系

	数量（人）	比例（%）
本村媳妇	191	97.45
外村媳妇	5	2.55

注：根据占里 2006 年户籍资料统计。有婚姻关系但已丧偶者不包括在内；女子出嫁后户口迁出，统计困难，因此也不包括在此范围之内。

表 2-2　占里外婚的范围与人数

外村新娘	原户籍地	黎平		付中		
	人数（人）	2		3		
外嫁姑娘（60 岁以下）	夫家所在	广西	四川	凯里	黎平	贯洞	宰便
	人数（人）	3	1	1	1	1	1

注：表格内的数据指的是现在依然在世的占里人中与外界通婚的情况统计，包括嫁入和嫁出，已去世者不在此范围之内。由于占里历来鲜见与外界通婚者，表格内统计数据除来源于占里户籍资料之外，还包括我在田野调查过程中对村民们的走访。其中，从自我 2006 年第一次去占里至今，尚无外村姑娘嫁入占里。

（一）占里和小黄

小黄是有名的侗族大歌之乡，蜚声国内外。占里则是著名的"中国人口与计划生育第一村"，赫赫有名。可是，同处从江县、共属旅游开发的主打品牌且距离不太远的两个村寨之间的关系却是一般般。自古以来交流都不太多。

小黄不行，日子过得很穷，田也少。以前，他们常来我们这里讨饭吃。我们看他们可怜，就给他们一口饭。小黄的小偷也多，经常来我们这里偷鱼。把田里的水都放了，把鱼捞走。你说这人多坏，偷鱼也就偷了，把水都放走了，那禾还能活吗？我们有时候可怜他们，发现他偷鱼也不管，就跟他们说，鱼给你们了，不要再放田里的水了。你说，跟这样人怎么能做亲戚呢？虽然我们可以开亲，但是没有人想去。小黄会唱歌？那我们也会啊！侗家有哪个不会唱歌的啊？只不过，小黄的那几个老歌师确实有先见之明，（20世纪）80年代初的时候，就整理了以前传唱的大歌，给他们小黄挣了名。

——占里人对小黄的看法①

占里啊，田很多，粮食也不恼火（发愁）。不过，他们都不会唱歌。而且，占里山高林密多变婆，你晓得吗？你根本就不知道哪家是变婆，哪家不是，要是万一结到了"变"的人家怎么办？你晓得的，变婆是会找亲戚的呀。我们都很怕的，干脆都不要找（占里的姑娘）就好了。

——小黄人对占里的看法

（二）占里和付中

付中是距离占里最近的村寨。在占里的迁徙传说中，付中人虽然把他们推进深山挡老虎，但总算是曾经帮助过他们的人。有些传说中还有"付中和占里是同母异父的两兄弟，付中是哥哥，占里是弟弟"的说法。我总觉得曾经作为同盟的占里和付中的关系应该是很紧密的。但是，事实总是出乎意料，占里和付中基本不通婚。

付中是苗族啦，跟我们生活习惯不一样，说的话也不一样。他们很穷的，住的地势又高，又没有水喝，即便有水也都很脏，很难生活。我们这里的姑娘都不愿意嫁过去；那边人当然想嫁过来啦，因为我们这边的生活好，不过我们都不愿意娶。你看我们这里家家房顶上都有"小铁锅"（卫星天

---

① 本节中关于"看法"的材料来源于我在调查相关村寨的时候，通过走访数个村民而得出的。在论文的写作过程中，为求简洁明了，我尝试将几个人的看法综合起来。所以，这里的"看法"并非是某个人的个别想法，而是普遍的、一般的，是经过整合之后的"看法"。

线),你再看看付中,他们有几家有?不过,你也不要看现在付中这个寨子不怎么大,其实以前付中是个特别大的寨子,人口又多。后来因为有什么瘟疫的吧,哦,好像是天花,他们又不晓得怎么种牛痘,就死了很多人,然后就变小了。

——占里人对付中的看法

占里好啊,田多,不愁吃,不愁穿。占里还有学校,我们的孩子三年级以后都要过去读书。以前我们也是个大寨子,现在变小了。我们跟占里通婚少,占里是侗家,我们是苗人,他们都不会说苗话,大家生活习惯也不一样,没办法一起生活。当然,我们也有姑娘嫁过去,不过还是不多。

——付中人对占里的看法

(三) 占里和托里

占里和托里应该也是一个款里的同盟,距离也不是太远。但是,占里却是古有明训,绝对不允许和托里开亲(结亲、结婚)。

我们是绝对不能够和托里开亲的。跟别的寨子,像什么小黄啊,付中啊,如果你愿意,也是可以的,但是托里绝对不可以。因为托里人都是小偷,人品不好。他们到我们这里什么都偷,大到牛啦、猪啦这些大牲口,小到禾啦、鱼啦这些小东西。我们过节的时候,请托里人来做客,也都怕他们来偷我们的东西呢。你说,人要是人品不好,那还能在一起吗?

——占里人对托里的看法

占里那个地方,交通又不便利,就算是田多,我们这里的父母也不会让女儿嫁过去的。而且,我们虽然都是侗家,但是两边的习惯也不一样,根本没有办法一起生活。再有,我们这里女儿生孩子、坐月子需要自己母亲来照顾，要是嫁到那么远的地方，怎么照顾啊？以前我们这边的父母是绝对不同意孩子嫁到外面的，现在也没那么严格了，随孩子了。

——托里人对占里的看法

从以上三个例子来看，占里与周边村寨的交往，在通婚关系上存在一定的限制。不论是何种原因（主观上，占里人对外部世界贬低化；客观上，外面人对占里妖魔化），客观事实就是占里实行村内婚，因此无法在更大的范围内开拓亲属关系网络，也在一定程度上限制了占里人口通过婚姻手段外迁从而转移增殖人口带给环境、资源的压力。这也促使占里不得不另辟蹊径，解决人口与环境之间的矛盾。

第三节　占里人的生存技术

因特有的社会环境和自然环境，生活在占里的侗族的生存技术也呈现出显著的特点，主要表现在糯禾的种植、生产技术与生产禁忌等方面。

一　糯禾与环境

占里主要种植糯禾，少量种植籼稻。"禾"与"稻"之分，实际上就是脱粒的难易之别。当地群众将能易脱粒的称为"稻"；而很难脱粒的，成熟时只能将其穗割回家、吃时才脱粒的，称为"禾"。虽然籼稻的产量较糯禾高，但是当地人并不认可籼稻的地位，而将其看作"猪谷"，即这种稻谷主要用于喂猪。我第一次到占里调研的时候，当地政府部门的工作人员把我送到村里，安排住下后，叮嘱房东，我是从北京来的，可能吃不惯糯米，可能的话，找点籼稻来做饭吃。房东满脸为难的表情，用"拿来喂狗，狗都不吃"的籼稻来款待客人，就算是客人的要求，也实在难为情。后来,我几次到占里调查,虽然感觉糯米吃起来不习惯,但是找籼稻来吃的想法再也没有出现过。在占里,不仅是人,就算是鸡鸭这些家禽对籼稻也是毫无兴趣的。记得某次,我独自在占里村内散步时,无意之间看到有一只公鸡大摇大摆地从一堆晾晒在阳光下的籼稻的谷粒旁边走过。我因为担心鸡去啄米,就赶快提醒站在一旁的主人家。没想到,主人家毫不在乎地笑言:"没关系,它肯定不吃。"果然,这只骄傲的公鸡只是在谷粒旁稍作停顿,随即头也不回地离开,对籼稻毫无兴趣。

糯禾是在占里地区独特的生态条件及当地侗族特殊的耕作制度下,经过长期的自然选择和人工选择所形成的地域性很强的地理生态型稻种。糯禾具有适应林区山地环境的以下一些特点(严奇岩,2008:176~183)。

第一,糯禾多数有芒。占里群山环抱,古木参天,鸟雀野兽甚多,糯禾因为长有长芒而能够抵抗鸟兽侵害,并很少感染病虫害。

第二,抗逆性强。糯禾具有耐烂、阴、冷、锈田的能力,种在泥脚特别深的烂泥田、阴水田、冷水田和锈水田中都能长势良好,说明糯禾具有较为广泛的生态适应性。

第三,糯禾对光、湿反应不敏感,适应多雾、湿度大、阳光直射时间短的自然环境。因而在寒热变化相对频繁的高山峡谷地区和背光的阴山田及林区,糯禾也能生长良好。

第四,糯禾不易脱粒、不伏倒、不恋青。糯禾伏倒后能够自立,即使遭到风吹雨压也能继续灌浆成长。这与当地的气候条件相适应,特别是高坡梯田,多秋风灾害。糯禾不易脱离,遇风也不会减产。

第五,耐粗作。糯禾在土壤贫瘠、土层薄的山坡梯田生长,在少施肥、缺乏管理的情况下,产量也不低。这些说明,糯禾适应占里山区土壤贫瘠、距离村寨遥远、村民疏于管理的特点。

第六,扬花期较耐阴雨低温天气,在低温雨天也能扬花结实,适应于占里山地气象灾害中的秋风冷和秋雨绵的特点。

同时，糯禾营养丰富，气味芳香，做成米饭软而黏，油质多而不黏手，香甜可口，食而不腻，享有"一亩稻花十里香，一家蒸饭十家香"的美誉。糯禾适应了占里的生态环境，几百年以来一直作为主要农作物和侗家生活的主食生长在占里的层层梯田中。游修龄通过对百越族系的糯稻文化的研究指出，糯的语源是古越语称稻为"善缓"，很可能古越族就是以糯稻为主食的。秦汉以后百越族迁徙到西南各处，其后裔还保留以糯为主食的传统习惯，在西南少数民族及泰缅边境依然存在一个日常饭食以糯为主的"糯稻文化圈"（游修龄，1995：113）。因此，黔东南地区是中国典型的糯禾文化区。隶属于这个文化区的占里，历史上长期形成了一套以糯米为中心的生产、生活等文化习俗，糯禾也是当地民族传统文化的重要象征符号。

二 生产安排与工具

在占里社会中，一年的农事安排，如表 2-3 所示。

表 2-3 占里一年的农事

月份	主要农事
1~3月	农闲时节，主要用来修理一些生产工具。正月里上山砍柴，基本上要把全家一年的柴砍好，放在山上晾干备用
4~5月	整土，施农家肥。过去直接将林木的新发嫩芽采下来，压到田间，任其腐烂成肥料；现在一般都用农家肥，沼气水等；化肥基本不用。无论是农家肥还是化肥，施用过量都会直接影响糯禾出穗，使其只会疯长叶子
6月	插秧。一般需要十几天的样子。当然，劳动力多的人家可能会早几天完成。完成后的人家会主动帮助还没有完成的家庭。田里插秧后即放养上鱼苗，以稻田养鱼
7~9月	田间管理，割草喂牛。俗话说："三分种七分管。"可见管理也很重要，管理包括灌溉、追肥、拔草、捉虫等。同时，每日将家里养的鸭子用竹笼挑上山，放养在稻田里，既可以养鸭，又不耽误做农活儿。女人则开始为准备全家的衣服而织布、染布

续表

月份	主要农事
10~11月	打谷折禾。早熟的是籼稻，产量高，亩产大约在1000斤，主要用于喂养家禽牲畜等；10月下旬开始收糯禾，亩产约在600~700斤，折禾的顺序是从距离村寨最远的田开始，由远及近，收获期在40~50天，有互助行为，但发生在亲戚之间
12月	养牛烧炭。折禾后留在田间的糯禾秆是牛冬季的主要食物，所以12月开始就要把牛从圈养改为放养，每天赶牛上山；同时，为了储存足够的取暖用木炭，要在山上挖窑烧炭，一窑炭大约400~500斤，可供一冬所用。男人们开始扛枪上山打猎，运气好的时候可以打到野猪等来改善生活

注：表中月份为公历

占里虽然有从早忙到晚，全家总动员，片刻不得闲的农忙期（插秧期和收获期），但更多的是扛枪打鸟、悠然自得的闲暇时刻。与现代紧张忙碌的生活相比，占里的生活节奏明显缓慢了许多。下面我就以11月和12月为例，简单介绍占里人在农忙季节和农闲季节中一天的生活安排（见表2-4）。

表2-4 占里一天的生活

时间		男人	女人	老人	孩子
11月（农忙）	上午	5点左右起床，上山折第一遍禾；9点左右回家，将早上折下来的禾挑回家，挂上禾晾；吃过早饭后继续上山折禾，并带糯米饭和酒作为午饭	7点左右起床，将一天全家所需的糯米饭做好，然后准备早饭。早饭后，同丈夫一起上山折禾	早饭后，老人或者上山折禾，或者带着午饭去山上放牛。老年妇女们则多在家照顾年幼的孩子，养猪，有时还要做一些纺线织布的活儿	孩子们白天都在学校上学。下午放学后要帮父母从山上挑禾回来
	下午	2~3点在坡上吃午饭。主要是糯米饭和米酒，以及养在田里的鱼*。有些男人们还会扛枪上山，打鸟来吃	在坡上为全家准备午饭。糯米饭是现成的，只需要从田里抓鱼进行烧烤		

续表

时间		男人	女人	老人	孩子
11月（农忙）	晚上	日落而息。将白天折的禾挂上禾晾。稍作休息后冲凉**。大约10点钟吃晚饭。12点钟左右睡觉	太阳落山后，挑禾回家。准备晚饭。10点左右吃过晚饭后即准备休息	儿子尚未结婚的母亲还要为全家准备晚饭。饭后休息	9点左右即休息***
12月（农闲）	白天	9点左右起床，12点左右吃第一顿饭。白天或者去山上挑炭，或者约几个朋友上山打猎	在家准备两餐饭：中饭和晚饭；照顾菜园；刺绣裁衣	老年男性主要放牛；女性纺线织布	上学
	晚上	10点左右吃晚饭。11点后和朋友一起去闹姑娘	准备晚饭，照顾孩子****	晚饭后，早早休息	吃饭；睡觉

* 折禾期间，放养在稻田的鱼也已经长成。占里人一般直接烤来吃，不需油盐烹调，自有一股清甜之味。

** 因为糯禾的芒很长，沾在人的身上很痒，所以，就算再累，男人们回家后还是必须要用水洗洗才会觉得舒服。

*** 孩子们吃饭没有一定的准则，肚子饿了就去抓一把糯米饭吃。所以，主妇们每天一早都要做一大桶糯米饭，这样即使父母不在家，孩子也可以找到吃的。

**** 此处所列的活动为已婚且有子的女性的；未婚或不落夫家期间的女性，在农闲时节，大多三五为伴，晚上住在一起，等着男性来"闹"。

通过表2-4可以看出，占里社会男女有别、老幼分明：男子主要负责种田这些家庭生活以外的工作，如插秧、折禾、挑柴、烧炭等；女子则无论在家庭内外，都起着重要的作用，她们除了承担家务、生养孩子、纺纱织布外，在农忙时还要随男人一起上山劳动；老人多半负责养猪、放牛、看小孩等，体力好些的也会在农忙时上山帮忙；小孩子在占里社会中是被保护的对象，基本不参与家务劳动和农业生产，无忧无虑地度过童年时光。男女在社会中所承担的角色，直接决定了这个社会对男女性别的重视程度。作为一个生活在以农业生产为主的社会中的占里人，他自己也承认男子在劳动生活中的重要性，"没得男不能上山做活路"；但同时，他也无法否定女子在社会生活中所发挥的重要作用，也许他无法用话语表达出自己的观点,但"没得女也不好"的朴素话语说明了占里人不歧视女孩的原因。占里,是一个对男女同样重视的社会。

可以说,占里人个个都是务农的好手。在长期的农业生活中,他们总结出了很多经验和技巧,例如,在生产中所使用的工具主要有以下十种(中国科学院民族研究所贵州少数民族社会历史调查组、中国科学院贵州分院民族研究所,1964:5~6)。

1. 木牛 为一根约八尺长的杠,据两端一尺处各镶木楔,成直角形。两楔平行,裸部长五寸多,前楔之后系一条绳,绳的一端系于犁上。犁田时,前面一人肩抵木楔,手拉绳索前行;后面一人也以肩抵木楔,双手掌握犁前行。

2. 犁 犁田工具。犁、铧口和犁鳖均为铁质,其余部分是木质。1953年,犁木牛才开始传入占里,以前是用锄挖田。

3. 耙 耙田工具。一般为八齿,自耙齿的尖端到把柄,高越一尺五寸,分木齿和铁齿两种。以前木齿耙较多,现在铁齿耙比较多。木齿耙纯木质,耙齿用麻栗树制成,质地坚硬,重约三斤半;铁齿耙除耙齿是铁质外,其余部分为木质,形状与木齿耙相同,但要重一些。

4. 锄 在农业合作化以前,当地耕田用锄翻土。1953年开始,由龙图人教占里人拉"木牛",同时传入犁四架,开始犁耕。锄分老式和新式两种,均为木柄铁锄。老式锄宽四寸,重三至五斤;新式与老式形状相同,唯宽度稍窄,但挖土效率较高。

5. 薅秧耙 除草工具。从柄到齿为纯木质,耙齿四颗,齿长四寸左右,宽约三寸。使用时,以双手握柄,顺着籼稻和糯禾的行距和株距空隙薅除杂草,每人每天能薅秧田一亩五分左右。该工具1958年传入占里,在此之前人们主要用手薅秧,效率较低。目前看来,如果田里杂草较多,仍然需要用手薅秧。

6. 镰刀 分为老式和新式两种。老式镰刀是由本地铁匠打制而成,新式镰刀是由外地买进来的。两者的不同之处在于:老式镰刀比新式镰刀的刀身略宽且厚，刀尖略勾而曲；新式镰刀的刀身与刀柄接口处是平的，用来割草时能够贴近地面割至草茎；老式镰刀的刀柄接口处高过刀面五分，割草时不能贴近地面，但是这种镰刀比较适宜于割籼稻。镰刀（不论是新式还是老式）平时放在背篓中，是占里男人上山做活路时必带的劳动工具之一，用途十分广泛。

7. 摘刀　折禾工具。分为两种：一种是用一块木板或者竹片嵌上锋利的钢片或者铜片，上端钻孔系绳，夹在中指与食指之间使用，类似农村自制的月亮形小木梳，刀片置于梳齿中部；另一种构造更为简单，只用一个刀片，既无木板，也无竹片，直接夹在食指与中指之间使用。摘刀为当地制作，手脚麻利者使用摘刀，一天可折禾六十公斤左右。

8. 谷桶　用作收获籼稻的脱粒工具。木质，木料一般用梧桐树或者杉树由本地木工打制而成。谷桶上宽下窄，侧面成梯形，体积不等，大小不一，但以一边能站一人并可甩打籼稻为准。谷桶可装三百公斤，可同时供四人使用。现在还有一种经过改良的新式谷桶，外形与老式谷桶相似，只在桶内加入一滚轴，上面满布铁齿。脱粒时，一人站在谷桶前，踩动外面的踏板，带动桶内的滚轴以完成脱粒。这种改良的半机械化谷桶将脱粒的效率大大提高，一位成年妇女用不到半天的时间即可脱满一桶谷粒。

9. 判刀　用来砍田塍边的杂草或用于开荒山砍刺蓬的工具。铁刀木柄，刀长约一尺，柄长约三尺。一个劳动力每天可以砍宽约两亩的田塍或同等数量的杂草荒木。

10. 柴刀　砍柴工具，有时也用于修理农具或桌椅板凳。占里的柴刀有新、旧两种。新式柴刀由外地购入，刀尖略微勾曲，全长约为二十二厘米，宽约四厘米，除刀柄外重约一斤三两；旧式柴刀由本地铁匠打制，木柄刀，全长约为二十五厘米，宽约五厘米，除刀柄外重约一斤六两，类似刺刀，与新式柴刀相比，较为笨重。

这些工具的使用，大大提高了占里人在农业活动中的效率，提高了产量，是生活中不可或缺的好帮手。

三　生产禁忌和仪式[①]

从腊月三十到正月初三这段时间，各家要把家里的利器如刀、火钳等藏起来。占里人认为利器和各种物体都是有灵性的。人要过年，万物也要过年，不能用利器去伤害它们。新年里，除了青菜[②]以外，也不准吃其他蔬菜。青菜是新年里所有佳肴中唯一的绿色食物。占里人认为，吃了菜就会伤了人与自然界的和气，唯有青菜例外。过年也不准到别人家去吃东西、喝水等。占里人认为，如果过年在别人家里吃东西，来年就会因为歉收而去讨饭。

过了正月，进菜园之前要先把脚底板烤热，以免惊了地气，使来年菜园里的菜歉收。

插秧开始之前要先耙田，要耙田则要先举行仪式：白天将犁耙取出来沾水，晚上杀猪或杀鸭敬牛，以表示插秧季节的开始，以及牛辛苦工作的开始。插秧开始之前，要找一个吉日试插，称为"开秧门"。晚上杀鸭庆贺，预祝秧苗茁壮成长。从这天开始不准再杀鸭，直至插秧结束。插秧结束后，选一个吉日宰杀刚长大的鸭，目的是敬奉禾苗，感谢禾苗对鸭子的养育。六月六这一天也要杀鸭子庆贺节日，希望秧苗快快长大。

六月六之后的第一个巳日要祭"香婆"。据说，香婆对地里棉花的成长有特殊的贡献，所以大家要杀一只鸭子敬奉香婆。

八月初一以后，籼稻逐渐成熟。全寨选择一个吉日举行吃新节，在吃新节上必须要吃鱼，还要用牛肉来款待客人。吃新节以后，人们就可以开始吃新米了。吃新节是表示对丰收的迎接以及对即将受到刀割的籼稻和糯禾的赎罪。占里周边村寨吃新节的日

---

① 此部分的月份依照农历计算。
② 占里一种绿叶蔬菜，状似小白菜，味微苦。

期不一，大家也乐于借这个机会放松心情，拜访朋友，大吃大喝一通。有些村寨，如银潭还会举行斗牛比赛，借以表示对力量的崇拜。

糯禾成熟以后，从田里收回家要先在禾晾上晒干，然后收进禾仓，入仓时要将新米和旧米分开堆放。因为各家的禾不一样多，全部收入禾仓的时间有先后之分，但是，先收完的人家也要在禾晾上留一两把禾，等最后全寨共同约定一个吉日，大家一齐将自家禾全部收入禾仓。全部入仓后，人们用木楔把禾仓的门塞紧，晚上杀牛、杀鸭庆贺丰收。

占里人在生产过程中种种的禁忌和仪式，说明了他们对自然的一种敬畏态度。面对不可预测的自然界，占里人难以或者不想征服它，所以希望能够借助这些禁忌和仪式取得人与自然之间的和解。这种态度，表现了占里人视自然为主，视自身为客，顺应自然规律而发展自我的一种思想价值观。

四 改糯为籼

"改糯为籼"是黔东南少数民族地区进入国家体系后经历的一次农业上的冲击。明清时期，中央政府推行改土归流和屯田制度后，汉族移民不断迁入黔东南民族地区，并带来汉族的耕作方法、生产技术和农作物品种，在一定程度上促进了该地区的经济发展，但使当地的糯禾种植开始受到冲击。民国时期继续开展改糯禾为籼稻的政策，建立了农业技术服务体系，不仅开展大规模宣传，还对改糯为籼成效大的地区给予奖励。在这种情况下，糯禾种植面积不断缩小。但是，籼稻改种主要集中在交通便利的坝区，一些偏僻地区的糯禾种植比例依然很高，如新中国成立初期从江县糯禾面积占82.4%（贵州省民族事务委员会、贵州省民族研究所，2008：403）。新中国成立以来改糯为籼的力度进一步加大，特别是在"大跃进"期间，从江改种籼稻面积达到62%，糯禾种植面积一度锐减，占里也不例外。但是，这种不顾农民意愿、违反因地制宜原则的政策，虽然是迫于政治压力，但遭到了人们强烈反对，民间出现了多次抵制，甚至"你播我耙，你栽我拔"的情况（中国人民政治协商会议贵州省从江县委员会文史委员会，1997：31～32）。1976 年以后我国开始调整改糯为籼的政策和力度，适当安排糯禾种植的比例，并划出一定糯禾区域，以发挥地方产品优势，占里的糯禾种植才重新恢复了生机和活力。

"改糯为籼"的推行，主要是强调籼稻的产量高于糯禾，而忽视了糯禾比籼稻更加适应当地的生态环境的情况。鉴于占里的耕作技术和方法，以及冷水田占大多数的客观情况，民间有"禾田种谷，饿死一屋；谷田种禾，胀死老婆"的说法（程良炳，1981：2）。而且，糯禾种植系统是当地侗族在长期的生活实践中形成的生态 - 文化复合体，是鱼稻共生结构体系，具有十分重要的生态价值，不仅是一套综合的技术体系，还适应占里地区自然环境条件和社会经济发展水平。改种籼稻以后，不仅破坏了"鱼稻共生"的生态农业，还导致森林植被的变迁和生物多样性的破坏，使当地生态失衡。更重要的是，改糯为籼还导致了当地传统文化的急遽变迁。糯和鱼在当地各种民俗文化中扮演了重要的角色，是民族认同的重要标志，在生产、生活习俗中占有重要地位，蕴含丰富的文化内容。鉴于此，籼稻种植在占里一直没有取得优势地位。

"改糯为籼"是占里被纳入国家体系之后，与国家大传统之间的第一次博弈，结果是地方小传统获得胜利。地方小传统之所以可以获得胜利，除了得益于地方偏僻、中央政权力有不逮以及特殊的生态环境确实适应糯禾的种植之外，还得益于占里一直保持一定的人口数量。马文·哈里斯认为，人口的压力是促使人们改进技术的动力。因为随着人口增加，原有技术下粮食产量已不能满足新增人口的需求，这迫使人们去对产量和技术进行改善和革新；反之，如果人口不增加而保持一定的量（未超过报酬递减的点），人们只需维持原本的生产技术即可（哈里斯，1988b：56～62）。占里清朝中期确定了控制人口的思想之后，三百年以来基本保持人口不变；没有人口的压力，使得占里在与大传统的博弈中，居于优势地位。当某些村寨为了增加产量以养活人口而不得不妥协的时候，占里还能够继续保持自己的传统文化。今日之占里人不得不说，祖先英明！

小　结

　　人类面对环境，特别是恶劣的自然生态环境的时候，其关键词只有两个：生存和适应。利用自然是指人类从周边的环境中获取资源的实践活动，它是人类生存下去的基本保障。在传统社会中，人类的经济活动更多是针对自然环境的活动，其精神方面的活动是把合理利用自然环境的知识、经验性的认识进行传授和传承等。这是一种快速适应的范式，是苏联生态民族学中的一个非常重要的理论——生存保障体系理论。

　　20 世纪 80 年代，阿卢秋诺夫首次将 жизнеобеспечение 一词引入苏联民族学。жизнеобеспечение 对应的英文词汇为 subsistence，中文译作"生存"，通常指经济范畴的食物性生产，即狩猎、采集、早期农业和畜牧业。在此基础上，阿卢秋诺夫提出了一个新的术语 культуражизнеобеспечения，即"生存保障文化"。"生存保障文化"是民族文化一个特殊的组成部分，即维持人们生存的那些文化，包括所有的物质文化和部分精神文化（Алутюнов，1983：8-9，55）。

　　马尔卡良指出："人类社会对自然环境生态适应的直接途径是开拓与自然环境相适应的社会组织区，包括建立居民点和居民点的住宅建设、维持人类生存所必需的食物和衣服的生产制作活动。这些文化元素可以整合为一个统一的概念，即'生存保障文化'。"生存保障文化所列举的民族文化元素通常被民族学家们纳入物质文化范畴（Маркарян，1984：36-37）。

　　1989 年，克鲁普尼克在阿卢秋诺夫的基础上提出了системажизнеобеспечения，即"生存保障体系"理论。克鲁普尼克认为生存保障体系是"特定的生产活动、人口结构和人口分布，以及劳动协作、传统消费和分配之间的相互关联体系。也就是说，以生态为前提条件的社会行为是人类利用其居住地环境资源的有效保障"（Крупник，1989：15）。

占里人的生存保障体系模型主要体现在两个方面：一方面是对森林资源的保护和利用，包括对生活在森林中飞禽走兽的狩猎限制；另一方面是山地稻作农业的开垦和发展，包括对棉花、蔬菜、烟草和染料的适量种植。此外，占里人虽然形成了一个自给自足的小封闭社区，但是依然与周围村落以及中央政权保持了一定程度的联系和交易。特别是在日益现代化的今天，占里越来越进入中央政权体系之中，传统上形成的生存体系越来越难以维持。

姑且不论改革开放后的发展和变化，从历史上来看，占里人的生存保障体系体现了以生态为前提的特色，而这样的特色又为占里人合理利用环境资源提供了有效的保障。

通过对占里的自然环境、社会文化环境以及占里人的生存技术进行简要的介绍和分析，本章展现了当地的农业生产，经济交换，以及村落生活环境等基本情况。所谓"百姓日用是道"，本章呈现出了占里人的日常生活世界，并试图以此来探讨乡村生活中所蕴含的生存与适应之道。

首先，占里人生活在一个山高林密，交通极为不便的地区，日常生活基本上是围绕山展开。在基于这种特定的地理环境与历史背景所形成的以稻作经济为核心的农业生产劳动中，当地男女合作的社会分工与互帮互助的分工协作，蕴含了一种环境适应的基本关系结构。糯禾作为一种适应环境的农作物而被广泛种植，即便经历多次"改糯为籼"的运动，也没有动摇其作为主要粮食作物的地位。生于山、长于山的占里人深谙"靠山吃山"的道理，在农闲期间猎捕山间的小型飞禽走兽来补充蛋白质。同时，为了确保资源的可持续开发，占里人也积极保护其所赖以生存的环境，最终达到一种和谐共处的结果。

其次，通过简要分析占里与周边村寨和国家体系的关系，我对占里的社区景观进行了大致描述。透过当地"变婆"的传说，可以看出虽然占里与周边村寨关系和谐，但是由于占里村落环境和文化的独特性而被周边村寨"孤立化"和"妖魔化"。在这种社会环境下，为了保障生存，占里只能从内部解决各种因发展而产生的问题。

总之，本章通过对占里自然环境和人文环境的呈现，试图说明的是特定的环境形成了特定的文化，即维持人们生存的文化；而这种文化的形成，是为了帮助人们更好地适应周边的环境。这一文化在当地的文化系统中有何内涵？应该从理解占里人的生活出发，去领悟他们的"日用之道"。

第三章
天成地就：人口控制

　　人口是指生活在特定社会制度下、特定地域中，具有一定数量和质量的人的总称，是一个社会各种文化、经济和政治活动的基础（佟新，2006：3）。人类从起源到各个历史阶段的历史，其实就是一部人口与环境、资源相互影响、发展的历史。中国古代人口思想中的"众民说"或"寡民说"就是最早也是最简单的关于人口与环境关系的认识（乌沧萍，2005：2~5）。近代以来，学者们更是提出了"适度人口"说，从环境和资源承载力的高度出发，对人口的发展前景提出了目标。可见，人口的发展在很大程度上受到生存环境的制约。

　　马克思指出，生产活动"一边是人及其劳动，另一边是自然及其物质"（《马克思恩格斯全集》第23卷，1972：209），因此"只要有人存在，自然史和人类史就彼此相互制约"（《马克思恩格斯全集》第3卷，1960：20，编者注）。占里的生存环境特点是资源有限，交通不畅，生活在这里的侗族人民在长期与自然环境的共存中，形成了以自然为主、以人为客的和谐生态观和环境观，在这种观念的支配下，占里形成了特殊的人口发展观——自觉控制一定人口规模。本章关注的正是这种观念的形成过程。

第一节　定居与初期人口发展

关于占里侗族祖先迁移的原因，一直以来都有因为战乱而逃难和因为人多而迁移两种说法。不论是哪一种，必然是因为在当地难以生存下去，才不得不背井离乡、踏上未知的道路。

> 我们侗家祖先，落在什么地方？就在梧州那里，就在浔江河旁，从那胆村一带走出，来自名叫胆的村庄。住在梧州那里，人丁实在兴旺；住在梧州那里，人口连年发展。父亲这一辈，人满院坝闹嚷嚷；儿子这一辈，人口增添满村庄。姑娘挤满了坪子，后生挤满了里巷。地少人多难养活，日子越过越艰难。树丫吃完了，树根也嚼光。不能困在这里等饿死，祖先召集众人来商量。大家相约出去，找那可以居住的地方。侗家苗家相约沿河走，为寻生路离开家乡。有的造了枫木船，有的造了楠木船。我们祖先想简便，懒得去远山，就在对门岭，砍倒枫木做成船。苗族祖先很勤快，尽往深山老林钻，穿过许多大刺蓬，砍倒楠木做成船。船儿造成了，侗家对那苗家祖先讲，结伴同行寻找新住地，只有沿着大河逆水上，要找那山坡有树有田有水，能够养活儿孙的地方。
>
> ——摘自古歌《侗族祖先哪里来？》[1]

占里的祖先经过了长途跋涉，历尽千辛万苦，终于在八月初一的那一天到达了黎平并决定定居下来，其欣喜之情简直难以表达。

---

[1] 《侗族祖先哪里来？》，贵州旅游在线，http://www.gz-travel.net/zhuanti/rongjiang/shige/200612/3318.html，最后访问日期：2010年12月28日。

我们的祖先刚到黎平的时候，还没有来得及安家落户、建造房子，就直接把东西放在了三块大石头①上，杀了一头猪，大家一起来吃。表示我们已经安下家了，这是一个纪念啊，直到现在还在搞。（那为什么不杀牛呢？）那时候逃难啊，没得牛嘞！牛都是安居乐业之后才养得起来的，逃难的时候哪里有得牛啊！（那怎么会有猪呢？）猪是人家别个（别人）的啊，也不是我们养的，是我们去买来的。逃难啊，你晓得吧？逃难的时候，什么都没得，恼火啊！后来，祖先们安家落户之后，才开始养牛、羊、鸡、鸭那些的。
　　　　——根据占里村民的讲述，结合歌师补噶的补充，记录整理而成

在占里人的记忆中，祖先们的迁徙史中充满了动荡与不安：不仅是因为难以找到一块富饶的土地，更是因为不停地被驱逐和欺负。至今，占里人在谈论黎平的时候，虽然感谢当地居民曾经给予的帮助，但是在内心深处，还是难免带有一丝丝被驱逐后的不甘与不平。

　　我们的祖先是因为逃难而从江西迁过来的，所以那时候真的非常穷。可是你看，现在我们的姑娘们过节带了那许多的银子②，还有我们刚到占里的时候，除了自己开坡之外，还花银子从周边寨子那里买了很多的田，就会好奇怪，我们的银子到底从哪边来的？其实，先前住在黎平那里的时候，有一次无意之间，我们的祖先们在一个山洞里发现了一个银库，里面全都是银子，有好多好多哦。可是这个银库的大门，可

---

① 现在这三块大石块安置在占里的鼓楼前面，是祖先定居下来的象征。据说是从黎平带过来的。每年农历二月初一和八月初一祭祀祖先的仪式都必定要在这三块大石头上举行。
② 这些银饰据说都是从母亲到女儿代代相传，不得买卖。

不是一扇普通的大门，它不是用钥匙打开的，而是用一种特殊的药草。我们的祖先就拿着那种药草，往门上一抹，说一声："开！"门就打开了，祖先们就可以从里面拿银子来用了。那时候我们的祖先在黎平，总是受到那些大寨子的欺负，所以他们也从来没有把打开银库大门的方法告诉别人，只是在每次有需要的时候，才去山洞里拿些银子出来。可是后来，黎平那里的寨子还是把我们赶了出来，不让我们在那里讨活路了；而我们被赶出来之后，再也没有办法回去拿银子，时间长了，连我们自己也忘记了打开大门的方法，所以门也就打不开了。

——根据歌师补噶关于占里银子来源的讲述整理而成，保留了大量讲述者的语言

不管"银库"是确有其事还是占里祖先们所编织的美好神话，在占里人看来，不告诉黎平人取银子的方法，是由于黎平人对自己的欺负；而黎平人最后的驱逐，让他们再也没有办法回去取银子了。在残酷的现实面前，占里人深刻意识到：没有自己的土地、自己的房子、自己的寨子，依附于人必然要受到别人的欺负。寻觅属于自己的家成为占里祖先的首要任务。

从前有同母异父的兄弟两个，哥哥是苗族，姓孟；弟弟是侗族，姓吴。哥哥先到了付中，定居下来；弟弟则很喜欢打猎，带着狗继续往森林里面走。有一次，弟弟看到从森林里面回来的狗身上有水荸，他就知道那里面肯定有水。所以，他就继续往里面走，终于发现了占里这个地方，就在这个地方定居下来，安居乐业。后来这个弟弟又养了五个兄弟，这五个兄弟就是我们占里五兜最初的祖先。

——根据寨老公团的讲述记录整理而成

在这个故事中，付中和占里都被人格化了，成了同父异母的兄弟，其中付中是哥哥，占里是弟弟。也就是说，付中的祖先应该比占里的祖先更早到达这块土地，并在这里定居；占里的祖先来到这里以后，曾经受到付中很多的庇护，所以认付中为兄。这种拟制兄弟关系有利于占里作为一个新入者避免与先入者之间产生矛盾，同时得到先入者的关照，尽快适应环境，发展生产。

占里的祖先经过重重的波折，终于找到了一块属于自己的乐土。在这片荒无人烟的山林中，他们齐心协力，珍惜好不容易得来的安定生活，披星戴月、夜以继日，开垦出大量的梯田用来种植糯禾。同时，他们又从周边村寨买来一些水田，生活慢慢地富裕起来，人口也有所增加，很快就发展到了五十户。从江一带的合款款词中，至今还保留有"三十托里，五十占里"的记录（中国科学院民族研究所贵州少数民族社会历史调查组、中国科学院贵州分院民族研究所，1964：19），这也是对占里人口最早的记录。

第二节　人口控制思想的出现

随着占里人口的进一步增加，人口与生存环境之间的矛盾日益凸显：周围有限的山林难以使他们继续发展下去，人们渐渐感觉土地不够用、饭不够吃、房不够住、衣不够穿，人与人之间的矛盾日益加剧，偷盗、械斗频繁发生，人们的生活越来越困难。由于男孩长大要分家产，女孩长大要备嫁妆（包括陪嫁的棉花地），父母为家庭儿女焦虑，常常引起家庭纠纷。

> 我们从下面（广西梧州）逃（难）跑到这个上面来住，中间跑了好几个地方，最后落到这个地方，安居乐业。然后就开始砍树、开荒。人越来越多，开出的（旱）地和（水）田也越来越多。后来发展到一百五十户、七百多人口了。那是清朝吧，哪个年限记不到了，哪个皇帝也没搞清楚，（占

里）有两个寨老，蛮有理，又大个，大家都服气他们的。（这两个寨老）一个叫八宾，那个人啊，身上都是毛，大家都喊他八宾，（意思就是）满腿毛，像牛一样的；一个叫那云，那个人掌根那里有个水泡泡。这两个人，大个子，又聪明能干。他们看到这个寨上发展到这么多人，而在寨子山上的田土、山坡，合（适）开地的都开完了，合（适）开田的也都开完了，再想去开田（地）也没得地方了，水也不够了。这样，他两个人就商量，（应该）要控制人口。这两个人就组织（召开）会议。这两个人不是已经商量好了嘛，主持会议的时候（他们）就说，要把人口控制在这个数量，不再发展；如果你不去控制，这一辈子你两夫妻生两个男（孩子），那一对夫妻又生两个男（孩子），搞去搞来，你一家就变成两家了。人口发展上去了，田地发展不起来，没田就饿饭啦。过去老人家一代传一代，我们也听过：老人家交代了，不要再走贫穷道路了。因为田土少人多，搞不得饭吃，才逃（难），才跑来跑去，落到这个地方来。现在我们要注意这个（问题）。从现在起，一家只能生两个孩子，一男一女。这些都是两个寨老提前议好的，才出来组织群众开会，把这个情况跟大家说明了，道理也讲给群众听。（群众）各个都想到，（这个情况）当真（是这样的）。（虽然）那个时候是（我们占里）家家富裕啊，（粮食）吃不完，（衣服）穿不破，还卖粮食给周围两边村寨去吃，（但是）这两个寨老把这个（控制人口的）事情一宣传，要求大家不要多发展人口，又跟群众讲明（道理），你现在家里的田养了一家人，要是你生两个崽，以后就是分成两家，你家里的田够吃不够吃啊？大家想来想去，当真是不够吃的啦。所以，各个都通（过）。

——根据寨老公阳海讲述记录整理而成。文中保留了讲述者的语言表达方式，为了便于大家理解，括号内的部分是笔者后加的通过寨老的讲述可以看出，占里开始控制人口的直接原因是人口增长与资源有限之间的矛盾。资源存在于一定的环境中，如优质的土壤、大量的水资源、丰富的猎物等，而资源的最高限度又决定了生活在该地区自然环境中的人口的最高限度，即自然环境的最高人口容量。一般来说，自然环境的最高容量是难以估算的，因为对自然的开发潜力难以明确估量。生物能够适应其生长地区最低的维持生存的条件，而不是一般生存条件。因为自然界中那些复发性的但又不是频繁出现的生态危机，如旱、涝、大规模的病虫害等都需要人们长期的观察和适应。如果超过了最高人口容量，生态系统必然会受到不可逆转的损害，结果生产就会下降。

占里的先民们未必懂得什么是"最高人口容量"，但是在现实的生活中，他们看到了人口增长带来的弊端：人地关系的失衡导致人与人之间关系的失衡。要解决这种失衡，要么增加资源，要么减少人口，从而重新达到平衡状态。

一 关于资源开发问题

占里位于山林深处，周边可供开发的资源有限，如果不考虑可持续发展而一味开发，其结果必然是害人害己。占里先民们也明确感知到了这一点：适合开垦的田地都已经开发完了，水源也难以支持进一步的发展。可见，占里先民对周边环境和资源的认识非常清楚：开发工作已经完成，在现有的基础上已经无法再继续。

也许有人会说，在资源一定的基础上，要想养活更多的人口，也可以依靠更新生产技术提高资源的利用率。我觉得，这种思想可能会导致一些负面影响。石器时代以来，人们对资源的利用率越来越高，如从最初被用来烹调食物、取暖和狩猎，到后来被用来冶炼、发电和铸造金属，火的利用率不断提高。由于技术的进步，从旧石器时代到现在，每个人平均使用的资源不断增多。但是，平均使用资源的增多，并不代表人口控制资源的能力在不断提高。资源总是一定的，对它的利用率再高也总有用尽的一天。而且，人们平均使用资源增多，并不代表资源的总量增多。在人口、资源、环境的可持续发展中，人口才是关键，才是源头。

二 减少人口的三种方法：迁移、死亡和自觉控制

我们先来看迁移。迁移就意味着要放弃现有的生活，重新寻找一个适宜居住的地方。这条路是占里的祖先们刚刚走过的，他们从广西梧州历尽千辛万苦终于来到了贵州占里。具体行程有多远、耗时有多久已经不得而知，但是，留在他们记忆中的，是无尽的艰辛：饥饿、贫穷、驱逐和欺辱。这是一条他们不愿意再重新走的道路。还有一种人口迁移方式——婚姻。且不说通过婚姻方式并不能彻底解决人口过剩的问题——毕竟有嫁出去的就会有娶进来的，其结果并不能减少村寨中的人口数量——单看通婚对象的选择，就是一道难解之题：周围村寨的侗族囿于种种原因而不想与占里结成姻亲关系。

我们再来看死亡。为了解决人口的压力，杀婴、疾病、遗弃、战争都是比较常见的手段。杀婴，特别是杀死女婴是前工业社会中最普遍使用的人口控制手段。哈里斯将之称为"伊甸园中的谋杀"（哈里斯，1988a：5~15）。但是，杀婴通常是一种代价高昂以至于痛苦的过程，人们在生理上和心理上都要承受伤害。疾病也是减少人口的一种重要手段，特别是一些大规模、传染性很强的疾病，如曾经席卷整个欧洲的黑死病和流行于中国古代的天花，经常会大量减少人口数量。但是，这样的疾病过后，通常会有一个生育高峰，补偿在疾病中死亡的人口数量。遗弃或杀害老人，通常是狩猎采集社会更可能采用的办法，如因纽特人中的老年人曾一度在身体过于衰弱而不能养活自己的时候，就会在部落迁移时滞留下来，用这种方法自杀，但这只是权宜之计，并不能从实质上降低人口增长的长期趋势。最后是战争。战争确实可以带来

人口的大量死亡，两次世界大战期间，死亡人数难以估算，确实在一定的时间内缓解了人口与资源之间的矛盾；但是战争并非解决人口问题的良药，在战争中死去的大多是男人，遗留下来的女性作为生育行为的主体，可以在很短的时间内通过补偿生育将人口数量提高。具体到占里来看，在占里尊老爱幼的社会中，通过杀婴和遗弃来减少人口是不现实的；疾病和战争虽然可以短时间内迅速降低人口数量，但是，作为一种难以有效进行周期性调控的手段，似乎也很难长期实行，特别是侗族文化并不尚武。可见，通过提高人口死亡率来调适人地矛盾是行不通的。

那么，协调人口、环境、资源关系就剩下最后一条道路：自觉控制人口发展。通过控制人口发展协调三者之间的关系，虽然是不得已而为之，但是，确实是所有方法中最有效也最容易调控的一个方法。有人说，侗族文化是一种"温和文化"，创造主体（侗族）比较多地发扬了初民吃苦耐劳、勇敢顽强的心理秉性，同时也明显地将退却、屈服、知足、苟安等惰性精神元素保存在文化心理层面；文化主要致力于解决人与社会（他人）、人与自我的问题；过分注重人的群体价值和群体利益；习惯使用较为温和的、圆融的方式，进行个体与群体关系的思维与行动，用互利的、防御的姿态对待自然与其他群体；虽然其文化体系具有封闭性与保守性，但一旦与异质文化发生接触，往往能够形成文化之间和谐共处的局面（廖君湘，2007：73）。占里先民们明显具有温和性，他们在处理人口与环境、资源关系的时候，也秉承了温和的方式，形成了和谐的局面。

八宾和那云两个寨老通过对占里田地的计算，立下了（计划生育的）寨规：一对夫妻有五十把①田的可以生一男一女两个孩子；有三十把田的只能生一个孩子。按照占里的田

---

① 糯禾的计量单位，十卡为一把，三十把为一亩，约合600斤。

和产量来算,一对夫妻最多只能得两个小娃崽。同时定下来,生男孩保护爸爸,生女孩照顾妈妈。这次开会以后,村里各个都通(过)。八月初一在鼓楼前吃猪肉、搞鸡血酒发誓,立下了寨规:要搞计划生育。谁要是超生,生三个,那就罚他五十二两银子,撵他的牛去杀;如果再不听话,就加倍罚他的款;还不听话就赶他出寨,不要他住在寨上。

——根据寨老公阳海的讲述整理而成

从此以后,占里原本的五条寨规变成了六条,因为计划生育这一条被认为最重要,所以放在了第一条的位置上。为了让大家永远记得祖先的教诲,每年农历八月初一,寨老在鼓楼纪念祖先的同时,还要让大家一起聆听六条寨规;即将成年的青年男女更是要在鼓楼前一起发誓,遵守计划生育,绝不违反。

第三节　两种人口思想的交锋

虽然人口控制思想经过两个寨老的说明和宣传,得到了全寨大多数人的同意,但是其确立并非是一帆风顺的,过程中也有不同观点与之进行交锋。虽然最后其主导地位得以确立,但在执行的过程中仍时有阻碍力量出现。

当八宾和那云两个寨老组织群众开会讨论控制人口的事情的时候,有一个人没通(过),他叫老弓。这个人背是弓的,所以大家叫他老弓。(在群众大会上)他说,我要生两男两女,(要是)死去一个了,还剩下一个给我;你们执行一男一女,(要是)死去就绝种了。所以,他不通(过控制人口的约定)。他也讲了自己的道理,不过别个都不同意他。别个都完全执行(计划生育)。后来,他硬是要了四个孩子,两个男两个女。别个要去罚他的款,按那个大家通过的规定,要罚他五十二两银子。他就讲,钱我没有,(但是)我有一把刀,你们要是想来就来。别个怕他,(因为)他当真用刀砍别个的。所以,别个都不理他,没给他开心①,上山上坡走路不问他、不跟他打招呼;哪个跟他讲话就罚哪个五十二两银子,哪个跟他开心就罚哪个五十二两银子,后来就孤立了他。老弓那个人,脾气又暴躁,也不怕别个,别个搞不到他,就孤立他。没得跟他开亲,没得跟他讲话。后来他的两个(男)孩子四十多岁,脸上都开皱纹了,都没有老婆;两个姑娘,虽然生得很漂亮,但是没有哪个讨她们做老婆,后来大的一个跟着一个咚当客②走了,谁也不晓得她到哪去了,还有一个小姑娘就跟寨上的一个腊汉逃跑到别的地方去住了。这时候,老弓才(后)悔了。于是就拿出五十二两银子,牵了一头牛到鼓楼前,请全寨的群众杀来吃。但是群众都表态不要他(回到村寨这个集体中来),也不收他的银子和牛。后来,那两个寨老又要求群众收(他回来,进群众里面来):"因为他已经后悔了,所以还是收他,承认他是我们寨上的人。"还把他的那个小姑娘和寨上的那个腊汉喊回来,让他们结婚;那两个男子汉,已经老了,也没老婆,讨不到了;大姑娘最后也没有找到。别个都看到他(的例子),(都说)没好(结果),没好(结果)。所以,从那以后就开始实行一男一女(的计划生育)一直到现在。通过这件事,人们一方面得到一个经验教训;另一方面,也觉得照老弓这样做也没有什么好下场。

——根据寨老公阳海的讲述记录整理而成

这是一场保守同革新、个人同集体的战争。故事中的老弓代

---

① 指笑颜相对。
② 指的是走村串户的货郎。货郎手中拿鼓,摇鼓咚当作响,以招徕客人。占里人以其声音代称货郎。

表保守派的势力，而两个寨老八宾和那云代表革新派的势力，两派人针对未来人口发展的方法展开了一场争论。

保守派认为，占里自然环境恶劣，生存条件差，为了保证人口再生产的顺利进行，应采取一种补偿生育行为，即在生育行为中采取多生的策略，以防在孩子成长的过程中因不可预测因素而夭折。正如老弓自己说的，"我要生两男两女，死去一个了，还剩下一个给我；你们执行一男一女，（要是）死去就绝种了"。这种保守思想在传统社会中曾经长期存在，如传统生育观念中的"多子多孙多福气"，一方面固然是人多力量大，可以增强家族势力，防止被人欺负；另一方面也是将孩子夭折的概率均摊在几个孩子的身上，即便不能个个成人、成才，但起码要有一个，也可以帮助家族继续发展下去。正如民间俗语所说："鸡蛋不能装在一个篮子里。"这种人口思想在人类发展的初期具有一定的积极意义，保证人口质量（身体素质）的提高和人口再生产的继续，比如在大规模的疾病和战争来袭的时候，保证一定量的人口以便持续发展下去，但是当人口发展到一定规模之后，这样的思想反而不利于人口与资源、环境关系的协调。

革新派认为，按照占里环境资源的承载能力来计算，占里的人口已经发展到了极限，不能再继续增长，当前控制人口才是第一要务。革新派一般都是务实派，从现实出发，提出解决方案。当时，占里人口的问题不是太少，而是太多，几乎快要超出报酬递减的点。也许，从眼前来看，问题还不是太严重，人们依然有米吃、有衣穿，甚至还有余粮去卖，产量也许还会继续保持下去，甚至会上升；但是如果人口继续增长，超过了最高人口容量，生态系统必然会受到损害，生产就会下降，甚至导致地力耗尽。革新派预见了这样的结果，正如两位寨老所说："如果你不去控制，这一辈子你两夫妻生两个男（孩子），那一对夫妻又生两个男（孩子），搞去搞来，你一家就变成两家了。人口发展上去了，田地发展不起来，没田就饿饭啦。……你现在家里的田养了一家人，要是你生两个崽，以后就是分成两家，你家里的田够吃不够吃啊？"在两个寨老的解释说明之下，人们深刻感觉到，人增地不增，在达到最高人口容量之前，应该早早地改变日常的惯例，进行文化的变革。所以，在这场论战中，革新派取得了群众支持，获得了成功。

在人口控制思想具体的施行过程中，群众力量再次获得成功。老弓作为一个个体，虽然他"脾气暴躁"（谁也不怕，真会拿刀砍人）、一意孤行（在众人都执行计划生育的时候，还坚决要生两男两女四个孩子），又有点无赖气质（要钱没有，要刀有一把），但是当他面对的是整个村寨的孤立时，也不得不为自己的行为付出代价：没有朋友，没有亲戚；甚至祸及下一代，没有人愿意跟他的孩子开亲，儿子四十多岁也讨不到老婆，两个女儿也都跟人跑了。面对这样沉重的代价，老弓妥协了，自愿缴纳超生的罚款，并拿出一头牛作为给全村的赔偿。但是，事情并没有像他以为的那样结束，村民们并不接受老弓的道歉和赔罪，也许还在怀疑他是真心认识到自己的错误，还是不情不愿地妥协。直到寨老们站出来，宣布村寨重新接纳老弓。不知道面对这样的结果，当初极力反对计划生育的老弓是如何想的，但是作为普通村民，却是将之作为一个反面的教训，永远铭记在心。

老弓与寨老的这次交锋，表面上是个人与权威的对抗，实质上却是保守与革新的对抗，在对抗的过程中，革新派不仅确立了自己的主张（计划生育），还为该主张今后的顺利实施树立了权威。而以老弓为代表的旧思想，必然会因为不适应发展而被淘汰。旧思想在退出历史舞台之前，为新思想的确立提供了最后一份助力，也算是功德圆满了吧。

小　结

本章讨论的是占里人口控制思想的初定阶段。通过对占里古歌和占里传说的分析，围绕占里祖先从人口放任到控制的过程，以及其中出现的反对力量，我力图对当地人人口观念的形成过程进行一次"复原"。

传说中，占里人的祖先们在占里这块土地上定居以后，经过一个很长的休养生息阶段。随着生活的安定、农业生产的发展，人口数量逐渐增多，对周边环境的压力也不断加大，人与环境之间的关系日益紧张。在占里这个相对封闭环境中，资源的有限性阻碍了人口的进一步发展，这是人口控制思想产生的客观原因。

从主观上来说，占里人的祖先们早年住在梧州那里的时候，由于"人口连年发展"而"地少人多难养活，日子越过越艰难"。因为不愿意"困在这里等饿死"，大家只能被迫离开家园，"找那可以居住的地方"。此后在为寻找新的家园而迁徙的旅途中，祖先们历经了种种的艰辛和苦难。这些经历被编成歌谣，代代相传，留在占里人脑海深处。这样的记忆导致他们不愿意再重新走人口迁徙之路，所以只能通过自觉控制（计划生育）来缓解人口的压力。

占里人是一个因为合作而结成的人类群体，在历史的长河中，有相当长的一段时间是游离于国家体系之外的，即所谓"不知有汉，无论魏晋"。这个群体的凝聚力，始于个人对群体的忠诚，特别是通过对群体中领袖人物的忠诚来强化，并通过部分出于本性、部分深思熟虑的进程而发展（罗素，2010：16~17）。占里控制人口思想的提出，正是源于群体中的两个政治领袖——寨老八宾和那云。这两个传说中的人物，具有被人们崇拜和忠诚的特质：身材高大、天分非凡、口才出众。人们出于本性上对寨老的忠诚，并在深入思考人地关系之后，开始忠诚而坚定不移地执行计划生育。可见，"最初的社会凝聚机制，是通过个人心理来起作用的，而不需要什么被称作政府的东西"（罗素，2010：25）。

当然，任何新事物的出现和确立都不是一帆风顺的。虽然大多数人认同寨老的决定，但是仍然有个别人持反对意见。这部分人代表了一种"求庶论"的人口思想。众所周知，中国是一个农业古国，在两千多年的封建社会中，农业始终在国民经济中占有重要地位。出于对战争和农业生产的需要，我国古代的思想家和政治家们大都鼓励生育，并将人口众多视为经济发展、国家富强的象征。在《诗经·大雅·绵》中就写道："绵绵瓜瓞，民之初生。"表达了周始祖希望王畿之内子民繁多、如同瓜果一般的愿望。先秦法家代表人物管子也提出鼓励生育的政策："有三幼者，无妇征；四幼者，尽家无征；五幼又予之葆，受二人之食。"这种奖励生育的政策，在以后的历代封建王朝初期都曾经实行过。如东汉章帝元和二年（85年）下令："民产子"，除免除"算赋三年"外，还奖给怀孕妇女粮食三斛，同时免除其丈夫一年的算赋。在医疗条件不发达，高死亡率的社会中，追求人口数量的"求庶论"以补偿生育为前提，具有一定的积极意义，即所谓"生两男两女，死去一个了，还剩下一个；你们执行一男一女，（要是）死去就绝种了"。同时，"求庶论"作为封建统治思想，在很大程度上适应了封建小农经济发展的需要，促进了封建社会经济的发展，因此在两千年的封建社会中一直占有统治地位。

　　人口控制思想则是对"求庶论"的一种否定，几乎同追求人口数量的"求庶论"同时产生。控制论是在特定的历史条件下，针对人口不断增长给经济与社会发展带来的危害，提出的一种社会改革方案和补救措施。可见，从产生之初，"求庶论"与"人口控制论"就是互不相容的。而占里经历了这样的一个过程。在人口控制论提出之后，遭到了持"求庶论"的一批人的坚决反对。这场针锋相对的斗争今已不可考，但是想来必然是激烈异常的。从占里的传说中看来，持"求庶论"的老弓被塑造成为一个火爆脾气的形象，从口舌辩论到行为抗争，到处都充满了火药味。但是，"求庶论"在占里最终以失败而告终。这一方面是由于两个领袖人物的个人"领导艺术魅力"以及人心所向；另一方面也是由于占里已经走过了初期创业的阶段，进入人口增长与土地等资源占有量相适应的发展阶段：人口数量的增长不但不能够促进，反而可能会阻碍农业经济的发展。在这种状况下，"求庶论"失去了存在的基础，人口控制论占据了有利地位。

第四章
道阻且长：人口发展

在社区小传统（民族文化）和国家大传统（国家政策）的互动过程中，占里的传统文化有胜有负，计划生育的执行有中断有恢复，人口的发展有顶峰有低谷。国家政策影响的日益加深，使得作为占里内部人口调节机制的文化手段显得有些力不从心。

本章重点关注新中国成立以后不同时期占里的人口发展情况。在历史中，占里大多数时间处于一种自给自足的自治阶段。除了偶尔在面临外部势力的时候，需要和属于同一款组织的周边村寨协同合作之外，占里大部分时间是一个遗世独立的村寨，处在寨老等民间领袖的治理之下。而近代以来，国家的强势介入，特别是新中国成立初期的历次政治运动，打击了占里传统的老人政治，传统的人口控制思想也受到影响。虽然"文化大革命"结束以后，在寨老的带领下，占里及时恢复执行计划生育，控制人口，但是面对环境的改变，传统文化明显适应不良。总之，占里未来的人口控制之路，注定任重而道远。

第一节　人口数量的变化与发展

传说中，自从清朝的两个寨老八宾和那云在鼓楼前带领大家喝鸡血酒发誓、坚决执行计划生育以控制人口以后，占里的人口总量就一直保持在 150 户 700 人以内。可惜的是，1952 年以前没有详细的、可供利用的人口统计资料，但我们可以从 1952 年以后人口数量变化大致看出占里人口数量的状况。

表 4-1　1952 年至 2010 年人口变动情况

年份	户数（户）	人口数（人）	年份	户数（户）	人口数（人）
1952	156	729	1990	146	695
1956	153	675	1991	144	714
1957	154	625	1992	142	712
1959	154	427	1993	146	713
1964	134	479	1994	150	720
1965	—	420	1995	151	728
1974	—	623	1996	152	734
1975	143	623	1997	152	734
1976	149	641	1998	151	733
1977	148	644	1999	152	736
1978	148	648	2000	152	738
1979	147	653	2001	154	756
1980	146	654	2002	153	758
1981	141	661	2003	156	762
1982	147	671	2004	158	766
1983	143	670	2005	164	772
1984	126	668	2006	167	770
1985	127	660	2007	169	787
1986	126	668	2008	171	797
1987	133	671	2009	182	815
1988	134	675	2010	182	821
1989	133	680			

注：部分数据由从江县计生局提供。

为了更加形象地反映占里人口数量的发展变化情况，我根据

表 4-1 中的数据，绘制了图 4-1。

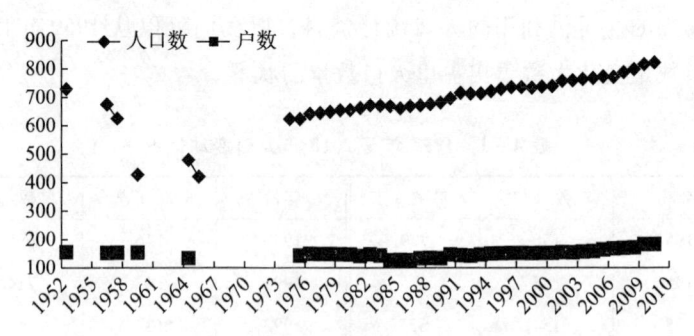

图 4-1　1952~2010 年人口变动

从表 4-1、图 4-1 可以看出，占里的人口控制目标——150 户 700 人以内——基本实现。图 4-1 的人口数基本在 600~700 这一区间中，户数则基本在 150 上下，有些年份稍有上升，有些年份则略有降低，但是这些上升和降低也都在发展允许的范围之内。当然，从统计数据也可以很明显地看出，占里人口变化也有异常的年份，大都是有重大事件发生的年份。如果不考虑这些人为因素，可以说，占里人口的自我控制目标基本实现。

新中国成立后占里的人口发展过程可以分为以下几个阶段。

第一阶段：1952~1956 年，人口基本保持在 700 人左右，变化不大。由于占里从清朝中期以来一直自觉控制人口，所以与周边的村寨比较起来，人均可利用资源相对丰富，生活相对富庶，因此在新中国成立前就不断有来自周边村寨的人到占里做长工或者打零工以维持基本生存或补贴家用。这些人虽然生活在占里，但是并不算占里人，所以在占里人的人口统计中不包括这些人口。1952 年占里人口数量之所以超过 700 人，可能是与当时国家在人口普查工作中将这一部分外村寨人也包括在占里人口中统计有关。一方面，新中国成立之初，为了体现党的民族政策，我国不仅大力发展少数民族地区的经济，而且鼓励少数民族增加人口，致使当时人口略有增加；另一方面，当时统计人口的范围可能与占里实际的范围有些出入。此外，这一数据也可能是当地有关部门的估计数据，因而与实际略有差别。

　　以前到我们这里来当长工的人很多的，解放前都是从托里、朝里那边过来的。他们在家的日子过得苦啊，没得饭吃，没得衣穿。后来到了我们这里，（他们）帮我们干活，我们给他们饭吃，给他们衣服穿。解放后也有迁过来的，我们的田多啊，所以他们就过来住了。（那你们给他们分田种了吗？）没得啊。那时候，田都是自己的，哪里有田给他们啊！都是后来土改，才分给他们的。（你知道谁是后来迁过来的吗？）就是那些不是我们吴家的，都是后来的。（姓吴的都是你们一家的吗？）哦，我们吴家都是那五个兄弟下来的，现在姓吴的也有不是我们一家的。他们是后来的。

——根据占里村民的讲述整理而成

　　第二阶段：1956~1965年，人口锐减，一度降至400人左右。有一种看法认为，这一阶段人口之所以大规模减少，一方面可能是由于在一定时期内，老年人口达到高峰，并且又几乎同时在那几年内相继谢世，这样一来，人口也就呈现出较为明显的负增长状态；另一方面，也是由于我们众所周知的"大跃进""三年自然灾害"等发生，在这些客观原因的作用下，占里人口处于波谷。这一阶段在占里人的记忆中也留下了极为深刻的饥饿印象。

　　我记得，是1959年到1962年吧。那时候苦难啊！村里的青壮年劳动力都被抽调去修公路了，就是那条从江边上的国道，你晓得没？村里没有劳力了，没得办法，只能是女人和老人上坡做活路啦。村里那时候实行"大锅饭"，自己家里都不搞了。一年公社交了12万斤公粮后，村里也都没有什么粮食了。没得办法，每人每天都只能得一点点糯米饭，根本不够吃，饿啊！后来，就饿死了很多人。那时候，每天都有人死,小娃崽也有,老人也有。(那修公路的人是不是吃得饱啊?)哪里有啊!我听别个讲,修公路也是一天吃两顿饭,每个人只有一把糯米饭。饿饭了,没有力气做活路,田里的谷子也不好。那时候,天天都有死人,顾不上找鬼师了,随便扔到山上(就算了)。

——根据占里村民的讲述整理而成

第三阶段:1965~1978年,人口回升,数量大幅增长。由于前一个阶段自然灾害频繁、粮食减产,人口急遽减少,为了补偿人口数量,政府积极鼓励少数民族多生多育;另外,由于"文化大革命"时期,寨老、鬼师等民间领袖被打倒,传统习俗被勒令停止,计划生育无法继续执行下去。在这个大环境下,占里人口呈现出一种没有计划和节制的增长态势,在不到15年的时间内,人口总量从420人增长到了648人,增加超过了1/2。这是占里自古沿袭下来的节育思想和本土制度首次遭到"外来力量"的"否定"和"破坏"。

1966年的时候,我们每天都开大会。以前我们这里的人很迷信的,家里有人死了,都要找鬼师;人生了病总也不好,就会觉得是不是有鬼在搞,也要去找鬼师。但是那时候开大会,干部让我们批斗鬼师跟寨老,说他们破坏生产。那时候的干部都不是我们吴家的,都是那些外面来的。其实,我们那时候天天开大会,根本不搞生产,生产怎么会上去呢?只要生产上不去,干部就说是鬼师和寨老在里面搞破坏,然后就要开大会。那个时候,根本没有哪个要搞计划生育了,大家也都是想生几个就生几个,根本没有控制了;你要搞计划生育人家还批斗你,(所以)也不敢搞了。

——根据占里村民的讲述整理而成

第四阶段：1978～1990年，人口增幅不大，一直保持在700人以内。1978年以后，国家开始在全国范围推行计划生育政策，但对少数民族地区适当放宽。借此时机，占里的传统文化重新焕发了生机和活力。在上级领导的关心和重视下，占里的几个寨老共同主持鼓楼会议，重新恢复了自古沿袭下来的人口观念和节育思想，人口增长的速度缓了下来。但是由于前一个阶段人口增长，造成人口结构偏向年轻型，占里人口数量的增长趋势并没有停下来，但总体数量还是控制在700人以内。

> 我们村的大鼓楼大约在1952年的时候被火烧毁了，后来我们就一直在小鼓楼那里搞（宣誓执行计划生育，控制人口）。1954年的时候，我们整个村寨都被大火烧了，就只能在（鼓楼前的）石头那里搞。毕竟石头不会被烧毁。可是，1956年的时候，政治紧了，说这是迷信，是封建，不让搞了，我们只能停了。以后，寨老和鬼师经常被拉去斗，所以也都没搞过。"文化大革命"结束以后，寨里的几个寨老看见村里的人口已经发展到这么多了，要是再不控制的话就不行了，所以，几个寨老和鬼师就一齐商量召集群众开大会，恢复计划生育控制人口，重新在鼓楼前盟誓。我记得那是1978年，吴玉文、吴玉标、吴成仙、吴国俊、吴国太、吴补禄、吴公团七个人在鼓楼（1975年村里的鼓楼也重建了）前召开了群众大会，大家约定要重新开始执行计划生育控制人口。大家还喝了血酒，杀了一只猪，约定谁要是不遵守约定，就罚他的款、撵他的牛。
>
> ——根据鬼师补太的讲述整理而成

第五阶段：1991年以后，人口开始超过700人，且呈现出不断缓慢上升的趋势；2009年以后人口更是超过了800人。究其原因，可能有以下四点。

第一，撤区并乡决策的施行。1990年以后，占里由原来的和平乡政府变成了现在高增乡的一个行政村，失去了作为乡政府所在地的行政效力；而寨老和鬼师作为民间政治和宗教领袖的权威，在"文化大革命"之后，悄悄发生了一些质的改变。现在的占里处于一种权威的真空阶段，传统习俗对人们行为的约束效力自然也不可能与以前相比。

第二，从1985年起，贵州省在各个民族地区开始实行计划生育政策。鉴于占里的特殊性（被树立为"中国人口文化与计划生育第一村"典型），高增乡实行了"计划生育工作不进村"的行政措施。乡里的计生机构只在每年春、秋两季来村里例行公事，平时很少过问；但是由于国家政策的实施，当地一套行之有效的人口控制方法面临后继无人的尴尬境地。

> 占里传统的自制草药有三种，分别是堵药、去药和换药。堵药，顾名思义，就是避孕药。占里不仅有女性使用的避孕药，还有男性使用的避孕药。在女方排卵期，夫妻同房之前只要喝一口煎熬的草药，既能让女性体验性爱的快乐，又能达到避孕的目的。去药，也就是使妇女流产的药，多用在流产手术中。换药，就是广为流传的"换花草"，据说它可以改变胎儿的性别。占里的药方都是极其保密的，除了少数人之外，即使是占里本寨的人也不得而知。
>
> ——由从江县卫生局一位干部提供

> 别人找我拿药不用钱，有一把米就可以了。用米换的药才有效。现在，村里的姑娘对这一行都不感兴趣了。有个什么病啊痛啊的，都去找卫生所（的大夫）。我也想带个人，就是没有人愿意学。以后，可能就要失传了吧。
>
> ——根据药师的讲述，由占里村民翻译、整理而成

（干）药师这一行，没有后代。你看我们村里有人没有孩子，去哪里看都没有用，药师会选这样的人，做自己的接班人。反正，我们村里没有人愿意做（药师），那是要害命的。

——占里村民的讲述

第三，随着经济的发展，人们的生活水平不断提高。营养丰富的食品、健康的饮食习惯、良好的生活习惯，都增强了人们的体质。健康状况的改善则大大延长了人们的寿命。

现在，我们占里的人口越来越多了，因为老人年龄越来越大了。上次分田已经是10年前的事情了，现在占里10岁以下的小娃崽都没有田。有些人家里人口多，田又不够，碰上像今年这样的恼火①天气，粮食就很紧张了；要是明年还是这样，就没有饭吃，要饿饭了。现在，我们村里的田都是老人家死了之后再传给小娃崽的。你没田，那也没得办法，老人家不死嘛；你想要田，总不能喊家里的老人家去死吧！你看看，我们村里七八十岁的老人家，身体还是那么好，还能上山去做活路；以前，五六十岁就死去的人也很多的。现在生活水平好了嘛！

——占里村民的讲述

第四，医疗卫生条件大大改善。过去人们小病不理，大病就去找药师和鬼师，病愈率无法保证；现在人们的观念发生了改变，生病求医得到了大多数人的认同。村里有了专门的、从卫校毕业的医生坐诊，还建了专门的卫生所，不论大病小病都可以得到及时、有效的治疗；通往县城的乡级公路修通以后，虽然路面状况并不尽如人意，但是与外界的交流加大，如果遇到疑难杂症，可

---

① 指让人着急。

以送往县里甚至省里及时就医,死亡率大大降低。此外,新式接生方法的宣传和使用也使新生儿的成活率提高。

> 我们村里现在还没有条件接生,生小孩大部分还是要到乡里和县里。不过,这里的人都不愿意去。因为太远了吧,我也不是太清楚。现在到乡里和县里去生,报户口都不用给钱;在家里生,报户口的时候还要500元呢。我是在县里生的。
> ——村卫生所驻村大夫的讲述,占里人

> 以前村里人生病都是找鬼师,现在都知道要来打吊针(输液)了。(不吃药吗?)打吊针好得快啊!就算是感冒也要打吊针。有的时候,他们来看医,我就跟他们说,吃点药吧。他们还不同意,一定要打吊针。我们这里的人都怪得很:以前是都不相信医生,病了就找鬼师;现在一生病就要打吊针,连药也不相信了。
> ——住在村里的一位退休老医生的讲述,占里人

> 现在的人生病了,都是去找医生。有的人打针吃药,好久也没好,身上痛得厉害。这时候,连医生都说:"你还是回去找鬼师看看吧,是不是有鬼啊。"这人就找鬼师看过,再去打针吃药,就好了。这样的情况也有。有看鬼师没好,打针吃药好的;也有打针吃药没好,看鬼师好的;要是两样都不好,那就没得办法,等死去了。
> ——根据鬼师的讲述整理而成

虽然从人口总数上来看,占里人口呈现出不断上升的趋势,但是更多的是占里人口控制目标实现的数据。比如从1956年到

1988年，人口都是675人，年均增长率为0，但期间人口有增有减；从1990年到2006年，16年间增加了75人，年均增长率仅为6.4‰。从这个意义上看，占里人口的自我控制还是卓有成效的。

第二节 人口结构

人口控制不仅包括数量，还包括质量。如果控制人口数量的结果是以牺牲质量为代价，造成了人口结构的失衡，那么不论数量的控制有多么严格，也不是健康的人口发展观。本节将着重分析占里的人口结构。

人口结构是一个国家或地区的总人口中，年龄、性别、阶级、婚姻、就业以及教育程度等社会人口特征的分布状况和关系状况。人口结构对人口变化和社会发展具有全面影响。一方面，人口结构是人口再生产的基础；另一方面，人口结构是社会发展的基础和条件，对社会发展起着促进或制约的作用（佟新，2000：145）。

一 人口年龄结构

人口过程与人口年龄结构之间是互动的关系，人口的生育、死亡和迁移过程都影响着人口年龄结构；在不同的人口年龄结构下有着不同的人口过程。国际上通常根据一个国家或地区的老年人口系数[①]、儿童少年人口系数、老少比和年龄中位数的状况来判断一个社会的人口年龄结构类型。年轻型社会具有人口增长的潜力，面临教育问题、婚姻问题和就业问题等；成年型社会人口增长速度趋于静止，是经济起飞和快速发展的黄金时期；老年型社会人口增长潜能下降，可能出现负增长，将面临各种养老问题、

---

① 本书中以65岁作为老年人口的标准。

医疗保健问题和劳动力供应问题等。占里和全国的人口年龄结构类型对比如表 4-2 所示。

表 4-2 全国和占里人口年龄结构类型对比

年龄结构类型		老年人口系数	儿童少年人口系数	老少比	年龄中位数
年轻型		4% 以下	40% 以上	15% 以下	20 岁以下
成年型		4%~7%	30%~40%	15%~30%	20~30 岁
老年型		7% 以上	30% 以下	30% 以上	30 岁以上
1990 年	全国 *	5.6%	27.7%	20.2%	25.3 岁
	占里 **	7.2%	23.0%	31.3%	27.2 岁
2005 年	全国 ***	7.7%	20.3%	37.9%	34.0 岁
2006 年	占里 ****	11.7%	19.6%	59.6%	34.4 岁

* 数据来源于全国第四次人口普查数样本数据。
** 数据来源于从江计生局。
*** 数据来源于国家统计局 2005 年人口变动情况抽样调查样本数据，抽样比为 1%。
**** 数据来源于笔者 2006 年实地调查。

为了更加直观形象地分析，我们用饼状图来表示全国和占里人口年龄结构。

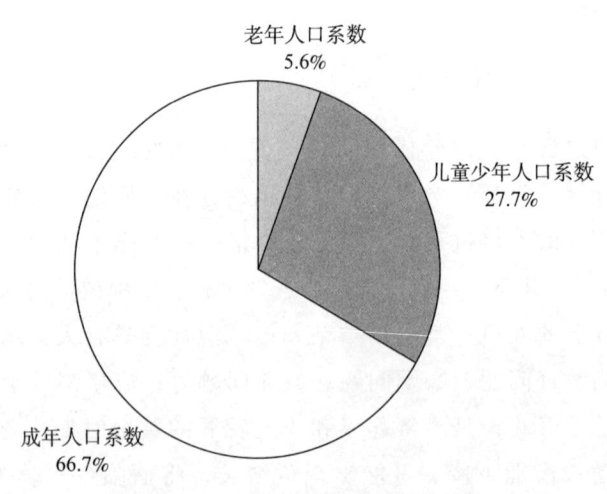

图 4-2 1990 年全国人口年龄结构

老年人口系数
7.2%

儿童少年人口系数
23.0%

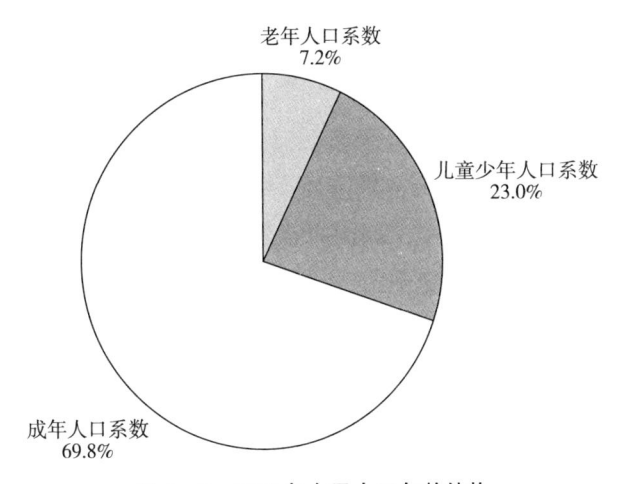

成年人口系数
69.8%

图 4-3　1990 年占里人口年龄结构

老年人口系数
7.7%

儿童少年人口系数
20.3%

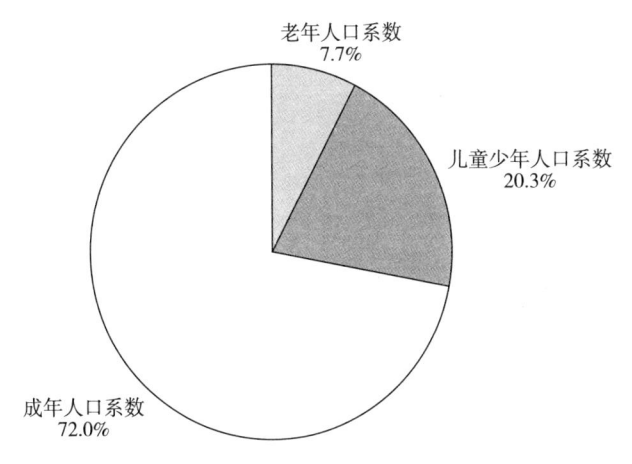

成年人口系数
72.0%

图 4-4　2005 年全国人口年龄结构

通过对表 4-2 及图 4-2、4-3、4-4、4-5 进行对比可以看出，占里在 1990 年就已经进入了老年型社会，比全国的平均水平早近 20 年的时间；从 1990 年到 2006 年，65 岁以上的老年人在社区中所占的比重持续上升，老少比也不断增长，由 31.3% 增长到了 59.6%。占里人口呈现出老龄化特点。

```
           老年人口系数
              11.7%


                        儿童少年人口系数
                            19.6%



 成年人口系数
    68.7%
```

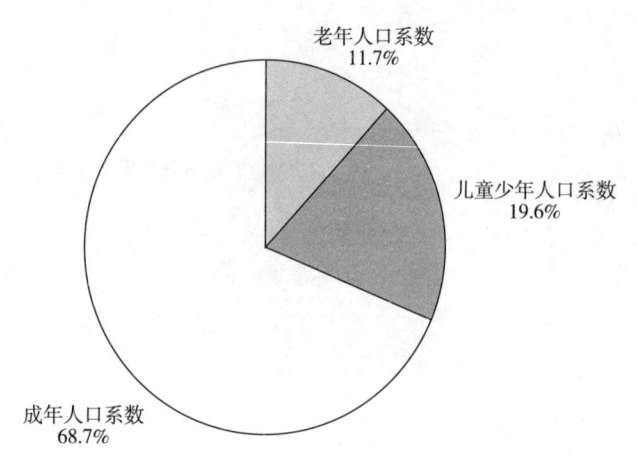

图 4–5　2006 年占里人口年龄结构

　　人口老龄化深深影响了人类的经济生活和发展，它会导致劳动人口相对减少，引起社会总抚养比的上升，给养老和福利制度带来压力，影响社会资源的分配和供给。特别是中国，由于 20 世纪七八十年代以来的计划生育政策的严格控制，老龄化成为一个猝不及防的过程，被形象地称为"未富先老"。

　　反观占里的社会生活，通过三次的田野调查和研究，我发现，虽然这里极度缺乏完备的、现代意义上的社会保障体系，养老却并没有成为一个社会问题。在侗族传统的家庭式养老方式中，老年人可以帮助家庭做一些力所能及的家务劳动，还因此排解了晚年生活的寂寞。养老问题未凸显也许得益于占里老人身体素质较高，七八十岁高龄的老人依然能够上山劳动而未成为家庭的负担。所谓的"银色浪潮"在占里并没有成为恐慌，老年人在村寨和家庭中找到了自己的位置，发挥其应有的作用，做到了老有所用、老有所为。

二　人口性别结构

　　性别结构是最基本的人口结构，是社会结构的一部分。人口性别结构的社会和经济意义十分深远，社会生活中性别结构的变化可能成为一种社会变迁的力量。人口性别结构的测量方法主要有两个：一是总人口性别比，二是出生婴儿性别比。占里 2006 年至 2010 年人口性别结构如表 4-3、4-4、4-5 和图 4-6 所示。

表 4-3　2006 年至 2010 年占里人口性别比

年份	总人口	男	女	性别比
2006	770	394	376	104.23
2007	787	411	376	109.31
2008	797	415	382	108.64
2009	815	425	390	108.97
2010	821	429	392	109.44

资料来源：从江县计生局提供。

表 4-4　1980 年至 2010 年占里出生婴儿性别比

年份	出生婴儿总数	男婴	女婴	出生婴儿性别比
1980	8	4	4	100
1981	8	3	5	60
1982	6	3	3	100
1983	7	4	3	133.33
1984	6	3	3	100
1985	7	4	3	133.33
1986	8	4	4	100
1987	5	3	2	150
1988	9	5	4	125
1989	10	4	6	66.67
1990	7	3	4	75
1980~1990	81	40	41	97.56
1991	9	4	5	80
1992	4	2	2	100
1993	8	3	5	60
1994	7	4	3	133.33

续表

年份	出生婴儿总数	男婴	女婴	出生婴儿性别比
1995	5	3	2	150
1996	7	4	3	133.33
1997	10	6	4	150
1998	6	3	3	100
1999	8	2	6	33.33
2000	8	5	3	166.67
1991~2000	72	36	36	100
2001	9	5	4	125
2002	6	4	2	200
2003	5	4	1	400
2004	8	4	4	100
2005	6	1	5	20
2006	8	5	3	166.67
2007	11	4	7	57.14
2008	10	4	6	66.67
2009	18	10	8	125
2010	6	4	2	200
2001~2010	87	45	42	107.14
1980~2010	240	121	119	101.68

资料来源：从江县计生局提供。

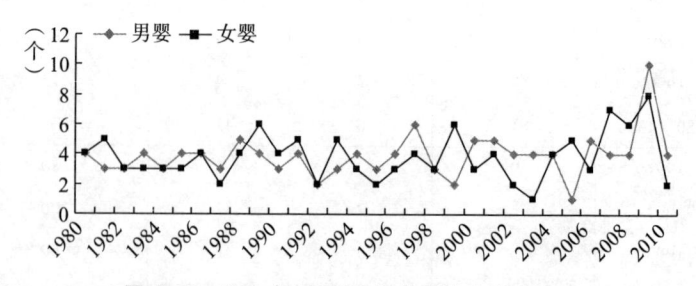

图4-6　1980年至2010年占里出生婴儿人数

表 4-5　占里小学一年级至六年级学生性别比

年级	总数	男生	女生	性别比
一年级	20	8	12	66.67
二年级	6	5	1	500
三年级	8	3	5	60
四年级	12*	8	4	200
五年级	12	5	7	71.43
六年级	15	9	6	150
合计	73	38	35	108.57

* 因为付中苗寨只有一座半小（一年级到三年级），升上四年级的学生需要到占里小学继续学习，所以在占里小学的四年级有 10 个来自付中的男生。本节讨论占里人口的性别比，10 个付中男生不包括在这 12 人中。

资料来源：占里小学提供

表现人口的年龄结构和性别结构的组合图形是人口金字塔，表现的是年龄性别结构。1990 年以来，占里的年龄性别结构变化如图 4-7、4-8、4-9 所示。

表 4-6　1990 年占里人口年龄构成

年龄组	合计	男	女	年龄组	合计	男	女
0~4	37	20	17	45~49	46	19	27
5~9	57	30	27	50~54	47	26	21
10~14	66	35	31	55~59	43	24	19
15~19	78	40	38	60~64	21	9	12
20~24	77	37	40	65~69	27	11	16
25~29	75	42	33	70~74	11	4	7
30~34	15	6	9	75~79	8	3	5
35~39	46	24	22	80~84	4	1	3
40~44	36	18	18	85 及以上	1	1	0

资料来源：石开忠：《鉴村侗族计划生育的社会机制及方法》。

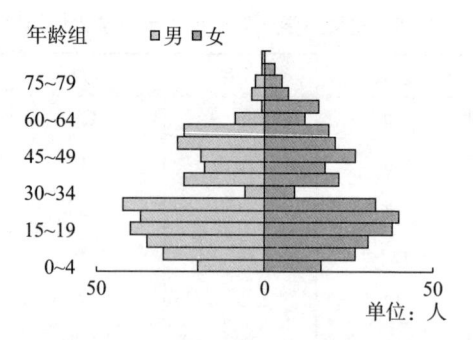

图 4-7　1990 年占里人口金字塔

表 4-7　2006 年占里人口年龄构成

年龄组	合计	男	女	年龄组	合计	男	女
0~4	32	17	15	45~49	16	6	10
5~9	61	38	23	50~54	47	24	23
10~14	58	25	33	55~59	41	16	25
15~19	74	40	34	60~64	30	13	17
20~24	52	28	24	65~69	34	18	16
25~29	43	23	20	70~74	31	18	13
30~34	74	41	33	75~79	17	4	13
35~39	68	29	39	80~84	7	2	5
40~44	84	51	33	85 及以上	1	1	0

数据来源：2006 年田野调查中笔者对全村人口的统计。

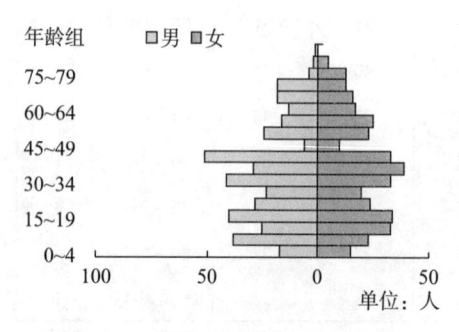

图 4-8　2006 年占里人口金字塔

表 4-8　2010 年占里人口年龄构成

年龄组	合计	男	女	年龄组	合计	男	女
0~4	52	27	25	45~49	75	42	33
5~9	37	18	19	50~54	15	5	10
10~14	53	33	20	55~59	49	23	26
15~19	74	33	41	60~64	28	14	14
20~24	67	38	29	65~69	36	14	22
25~29	46	24	22	70~74	38	24	14
30~34	62	35	27	75~79	26	16	10
35~39	77	42	35	80 及以上	16	6	10
40~44	70	35	35				

数据来源：从江县计生局。

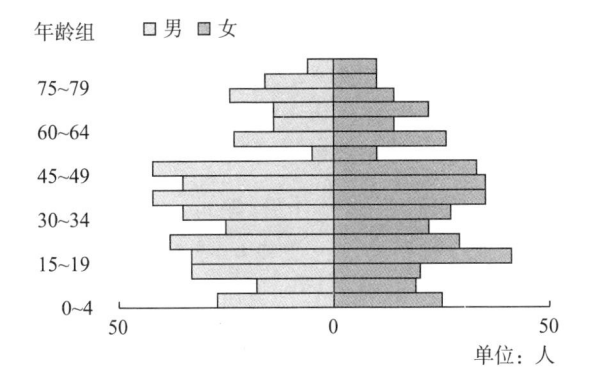

图 4-9　2010 年占里人口金字塔

从以上的图表可以看出占里人口性别结构具有以下特点。

第一，男性人口数超过女性人口数。这与中国传统社会中的性别结构基本一致，如对清朝道光年间全国 3800 万人口统计的结果表明，当时人口性别比为 115.7（姜涛，1998：220~224）；民国时期，最高曾经达到过 124（陈达，1981：26）。占里人口性别比虽然略高于公认的正常水平（90~105），但是基本上都控制在

110 之内，即占里的男性人口虽然略高于女性，但是差距不大，性别结构基本平衡。

第二，性别结构处于不断变化中。1990 年占里人口的性别比为 98.55，2006 年 104.23，2010 年为 109.44，性别比的不断攀升，一方面说明社会政治、经济发展趋于稳定，人口性别比也趋于平衡；另一方面说明占里的人口发展愈来愈受到外界的影响，出现性别比偏高的问题，但是程度并不十分严重。

第三，出生婴儿性别比较为正常。从表 4-4、图 4-6 可以看出，占里每年出生的婴儿性别比并不稳定。这个特点的出现可能因为占里是一个人口较少的社区，每年出生的婴儿数量很少，且带有很大的偶然性。如 2006 年出生的 8 个婴儿中有 5 个是男孩；2007 年出生的 11 个婴儿中有 7 个是女孩，这种偶然性带来了出生婴儿性别比的大起大落。还有一个可能，就是占里普遍每家每户生育一男一女两个孩子，如果不考虑出生胞次，也会影响出生婴儿性别比的统计。综合来看，从 1980 年到 2010 年的 30 年间出生的婴儿一共是 240 个，其中男孩 121 个，女孩 119 个，性别比为 101.68，比正常范围值（102~107）略低。同时，我们用占里小学育龄儿童的性别比进行验证，如表 4-5 所示，占里小学一年级到六年级学生的性别比为 108.57，说明占里出生婴儿不存在性别比偏高的问题。这与 2000 年人口普查中，全国侗族高达 126.72 的出生人口性别比形成了鲜明的对比。

第四，人口发展从减少型向稳定型转变。从占里 1990 年、2006 年和 2010 年的人口金字塔可以看出占里人口的发展变化。1990 年的金字塔近似于人口减少型，2006 年以后逐渐发生变化，开始呈现出一种内部稳定的结构状态，说明占里在 20 世纪 80 年代恢复传统计划生育观念之后，经过 30 年的调整和发展，基本实现了控制人口的目标。

三 人口家庭结构

从1982年、1990年[①]和2006年[②]调查的人口统计资料来看，占里的家庭结构具有一些共通点：从家庭规模上来看，四人户和五人户所占的比例最高；从家庭代数结构上来看，二代户和三代户占有绝对优势；从生育孩子的个数上来看，以生育二孩所占比率最大。具体数据如下。

表4-9 占里家庭规模

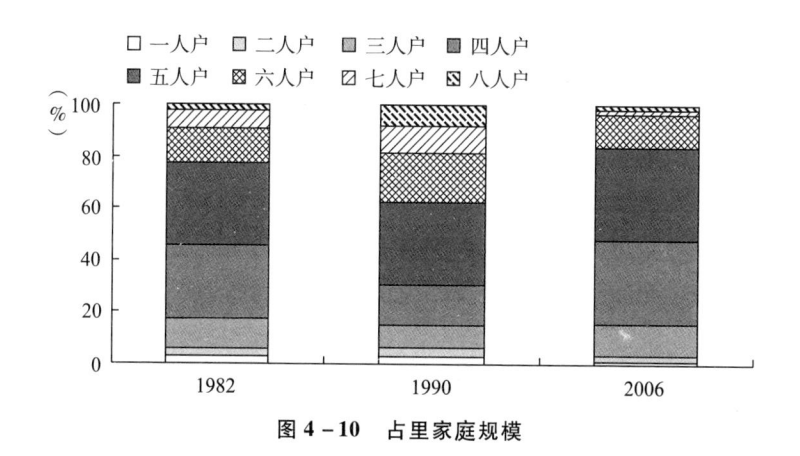

年份	一人户		二人户		三人户		四人户		五人户		六人户		七人户		八人户	
	户	%	户	%	户	%	户	%	户	%	户	%	户	%	户	%
1982	4	2.9	4	2.9	16	11.4	40	28.6	44	31.4	19	13.6	10	7.1	3	2.1
1990	4	2.9	5	3.6	12	8.6	22	15.8	45	32.4	25	18.0	15	10.8	11	7.9
2006	2	1.2	4	2.4	20	11.8	56	32.9	61	35.9	21	12.4	3	1.8	3	1.8

图4-10 占里家庭规模

[①] 1982年和1990年数据均来自石开忠《鉴村侗族计划生育的社会机制及方法》一书。

[②] 2006年7月至10月笔者在占里村做了三个多月的实地田野调查，本节中有关2006年的数据均来自这次的田野调查。

表 4-10　占里家庭代数结构

年份	一代户 户	一代户 %	二代户 户	二代户 %	三代户 户	三代户 %	四代户 户	四代户 %
1982	7	5.0	77	55.0	52	37.1	4	2.9
1990	6	4.3	53	38.1	65	46.8	15	10.8
2006	4	2.4	57	33.5	100	58.8	9	5.3

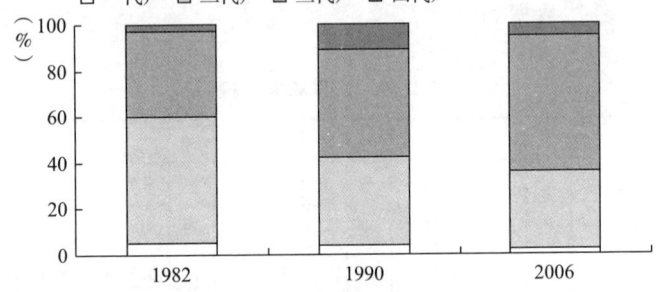

图 4-11　占里家庭代数结构

表 4-11　占里妇女生育孩子个数

年份	生育一孩 个	生育一孩 %	生育二孩 个	生育二孩 %	生育三孩 个	生育三孩 %	生育四孩 个	生育四孩 %
1990	7	6.4	56	58.0	36	32.0	4	3.6
2006	25	14.9	143	85.1	0	0	0	0

注：以当年已有生育行为的育龄期妇女为统计对象。

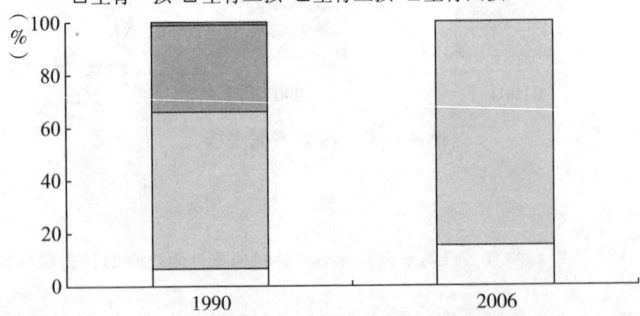

图 4-12　占里妇女生育孩子个数

通过以上数据可以明显看出：占里的家庭结构发生了变化。从家庭规模上看，1982年占里平均家庭户规模为4.56人，1990年为4.76人，2006年为4.52人；从代数结构上看，1982年二代户占有半数以上的比重，1990年以后三代户的比重逐渐上升；从生育孩子数来看，1990年还有35%以上的夫妻育有三个以上的孩子，到2006年的时候这种现象在占里已经看不到了。

从1982年到2006年，虽然在占里的家庭结构中，主要还是以4～5人户为主，但是1990年以后三代户比重加大，也就是祖孙三代同堂的家庭所占的比例增大。这说明，家庭养老模式得到巩固，生育子女数量维持稳定。

"文化大革命"结束以后，占里恢复了传统的鼓楼盟誓制度，原有的人口控制机制又恢复了生机和活力。在对人口总数的控制方面，由于外界环境影响日益加深，传统文化多少显得有些力不从心；但是在对家庭规模、代数结构和男女性别比例的把握上，占里的传统文化还是发挥了一定的作用。

小　结

对占里侗寨的人口控制机制及发展模式，自1988年始就有相关的研究和报道。本章通过各种图表对占里人口数量的发展变化和人口结构进行了分析和比较。由此可以看出，占里人口发展具有以下几个特点。

第一，人口数量基本保持不变。从现有资料及实地调查数据来看，占里一直将户数控制在160户之内，绝大多数年度人口未超过700人，数量变化不大。由于占里社区内的通婚都在所属的5个兜内进行，人口的婚姻迁移极为罕见，故其人口增长率可视为自然增长率。从1952年的729人到2006年的770人，55年增加41人；其中1952～1965年为负增长；1956年人口为675人，1988年仍为675人，这33年的人口增长率为0。在人口突破700人的

1991~2006年，人口净增加56人，平均增长率为5.0‰，远低于同期贵州省和黔东南州的平均水平。

第二，人口结构基本合理。在家庭规模上，占里处于基本稳定状态。户均人数最高的年份为1983年，为5.4人；最低的是1956年，为4.4人；平均户均人数为4.8人——也就是说，每户人家除一对夫妻外，仅有2个孩子和0.8个老人，即夫妻与其所生子女恰好对等，家庭养老具有良好的基础（杨军昌，2001：4）。这也和我在2006年、2007年以及2010年三次的田野调查中所看到的情况相吻合。根据2006年实地调查的数据资料，在家庭代数结构中，占里以二代户和三代户居多，分别占到了33.5%和58.8%；已婚育龄妇女户数为168户，其中一子一女户占84.5%以上，二子户占8.3%，二女户占0.6%，基本不存在二孩以上的户；经过计算，占里老年人口系数为11.7%，少年儿童人口系数为19.6%，年龄中位数为34.4岁，是典型的老年型社会。

第三，人口性别结构大致平衡。表4-3的数据说明，占里男性人口数量略高于女性，存在一定的性别比偏高现象。同时，由于占里是传统的农耕社会，男孩在生产生活中能够发挥更大的效力，所以在村民的观念中还是存在一定的男孩偏好，但是出生婴儿性别比远低于同时期全国和侗族的数值。我在占里做调查期间，看到每户村民家中基本都是一男一女两个孩子。这样的结构一方面为内婚提供了条件，另一方面也保证了内婚顺利发展。而内婚的存在也为家庭养老做了前期准备。

第四，人口素质普遍较高。由于丰衣足食和禁止兜内近亲之间的通婚，村民普遍体魄健壮、智商较高，小孩子们都聪明伶俐，全村没有先天性残疾人和痴呆儿，没有出现过一例癌症患者。2006年全村80岁以上的有8人之多，甚至有一位87岁高龄的老人还能每天上山割草喂牛，体格健壮一如年轻人。在道德文化的约束下，占里号称"无锁村落"，新中国成立以来刑事案件的发生率为零，这是占里人口文化之外的另一项奇迹。在接受现代化教育方面，占里有一所完小①，始建于 1956 年（中国科学院民族研究所贵州少数民族社会历史调查组、中国科学院贵州分院民族研究所，1964：17）。学校三年级以下主要采用侗语授课，三年级以上则开始采用汉语授课。学校的教师大多是来自其他村寨、接受过正规教育的侗族。自从普及九年义务教育以来，村里的适龄儿童入学率一直保持在 100%。改革开放以来，占里已经培养出了 1 名大学生，3 名大专生；② 有一批青年走出大山，到广东、深圳、北京等地打工。外出打工的经历增加了村民对外界的了解，也促使他们对自身文化和生活进行反思。

第五，人口环境和谐共存。占里依山傍水，森林覆盖率达 90% 以上，8 平方公里的原生林区郁郁葱葱，在全球范围内人与环境关系持续恶化的大环境中，保持了人与生态的和谐平衡。这里人均耕地资源相对充足，高出全县和全国平均水平；山林中的野果和野兽给生活在这里的人提供了各种美味；在周围的村寨为了提高单位产量而不得不"改糯为籼"、放弃传统糯文化的时候，占里还能够大量种植糯禾，甚至是产量更低却更加美味的香禾。虽然占里人口在 1990 年后已经突破了 700 人的控制目标，但仍保持着稳定的低增长态势，实现了人口与环境、资源的和谐共存。

占里人口一直是人们关注的焦点，但是通过分析可以看出，占里的人口发展模式并不像我们想象的那样一成不变，而是处于不断变化之中。正如文化具有相对性一样，占里人口稳定也是一个相对值，是一个在长期不断发展变化过程中的和谐。特别是占里被纳入国家体系之后，国家大传统的每一次变化和震荡，都会波及占里。占里也不再是一个自成体系的发展单位，在未来的发

---

① 可以接受从一年级到六年级完整教育体系的小学称为"完小"；只能够接受一年级到三年级的不完整体系的小学成为"半小"。占里小学是一所完小，可以提供初中以下的基础小学教育；附近苗寨付中则只有一所"半小"。所以，付中的小学生在三年级以后，只能走三四华里山路到占里小学继续学习。
② 此部分内容根据村民的回忆得出，在具体数字上可能存在不准确性。

展中，除了继续保持与自然环境的和谐之外，还需要更多地考虑如何与国家体系保持和谐。

我不得不承认，在对占里的人口学研究中，由于知识的欠缺，本书做得并不成功，但是，我力图通过各项人口学的指标，表现出占里人口的发展模式和特点，并以此为基点，分析影响占里人口发展的一些文化因素。

第五章
"中和位育"：秩序结构

人类学认为，"即使在没有君主或首领等政治权威人物存在的部落社会，也肯定有维持社会秩序的某种机体存在"（祖父江孝男等，1992：99）。鉴于此，人类学家们注重研究"有秩序的无政府状态"，他们发现在没有国家的社会，其社会控制"主要是由基于血缘和地缘关系构成的团体来安排"（王铭铭，2002：85~86）。埃文思－普里查德通过对努尔人社会的研究，发现政治制度、宗族制度以及年龄组制度等都是构建这个无政府社会秩序的重要因素；他在后来对阿赞德人的研究中，认为信仰体系也在构建并维持当地人的社会生活秩序（埃文思－普里查德，2002；2006）。

本章将对占里侗寨的政治制度、宗族制度、年龄组制度和信仰体系所构建而成的社会秩序体系进行描述，分析其在占里人口与环境协调发展过程中发挥的控制效力。

第一节 政治制度

一 款

"款"是侗语的汉字表记，侗语记为"kuant"，是侗族传统社会中最主要也是最重要的政治制度。款在侗族历史上持续的时间最长,至今还在一些侗族地区继续发挥着整合社会秩序的功能和作用。

侗族"合款"组织历史悠久,按侗族民间的说法,是发生在"天地混沌"时期,另一种说法是源自姜良、姜妹两兄妹重新创造人类之时。最早见诸文献是在宋代:侗族"古无大豪长,或千人团哗,百人'合款',纷纷藉藉,不相兼统","徒以盟诅要约,终无法制相羁"(刘钦,1998:362)。宋淳熙三年(1176年),靖州中洞①姚民敖起义,"环地百里合为一款,抗敌官军"(李涌,1998:363)。《容斋随笔》载:"靖州之地……田丁之居,峭岩重阜,大率无十家之聚。遇仇杀,则立栅布棘以受之,各有门(盟)款,门(盟)款者,犹言伍籍也,借牛彩于邻洞者,谓之拽门款。"(洪迈,2006:626)这说明在宋代以前,"合款"组织就已经形成,且比较完善。

所谓"门款"即"合款",也可称为"起款"或"联团",包括村寨内部自制订立的"款约"、村寨之间联合订立的"款约"、宣讲的"款词"和执行的"款约"四层含义。"实际上,侗族社会组织是由村寨之间盟誓合款而成的,所以用'合款'来命名侗族的社会组织也是恰如其分的。"(杨昌嗣,1999:184)侗族传统社会的"合款"组织由小款、中款、大款和联合大款四个层次组成。

据《从江县志》记载:

> 在古代,居住在从江地区的侗族便出现几个附近村寨自发组合的民间自治组织——款,公推有声望的人为款首,共同议定维护社会秩序和道德风尚的款规。后来,各邻近小款又自发联成范围较大的大款,以便联合抗御官府暴政和外来侵扰。侗族古歌《从前我们做大款》说,"头在古州,尾在柳州",合款年代之久远、地域之广阔由此可见。战乱年代,各款均与附近山坳设置"塘炮"或哨卡,一有警情即发炮报警,

---

① 在今湖南省靖州苗侗族自治县境内。

邻寨则鸣炮相应，并登楼击鼓聚众，操戈以待，同时派人驰援受害村寨。平时如发生较大的村际纠纷或严重违约事件，款首即"起款"聚众决定调节对策或执行款约惩处违犯款约者。款组织以侗寨为主，也有苗、瑶村寨参加，多以地区、村寨或户数来作为它的名称，如六侗款、九侗款、千七款、千三款等。为了便于集中议事或者惩处不遵款约者，每个款都有一个集中之地，叫作"款场"。从江县境内诸大款范围是：

六洞款：款场在"登坪梦"（今新安乡郎寨村北后山3公里处），包括贯洞、云洞（今庆云乡）、龙图、洒洞（今新安）和黎平县的肇洞（今肇兴乡）、顿洞、塘洞。

九洞款：款场在"平楼"（今往洞村平楼寨），包括"上千二"的增盈、新地、高传、吾架、德桥等寨和两个"下九百"，即牙现、贡寨、孔寨、朝利、往洞、增冲、托苗、德秋、弄吾、沙往、会里等寨。

"二千九"款：款场在"便难""岑考""四坝"三处，包括"上九百"的小黄，"中九百"的高增、銮里、托里，河边"九百"的平毫至长寨一线各侗寨以及广西的腊弄二百（今属广西壮族自治区三江侗族自治县梅林乡）。

"千七款"：款场在平友，包括高千、央里、则里、流架、邦土、银潭、平友、谷洞等寨。

"千五款"：款场在大融坡头，包括大融、小融、大歹、上歹、或里等寨。

"千三款"：款场在"弄树"石灰坳，包括占里、摆酿、观音山、弄盆及黎平县属四寨等寨。

此外还有西山、顶洞、小瓮等侗寨参加苗族的"侬直松傩"栽岩组织，款场在大丑与高瓮接壤的"滚古坳"。滚郎参与苗族的"古冬整榜"栽岩组织，款场在大洞村芦笙坪。

各侗款历史上曾多次举行议款活动，据民间史料记载：明万历年间，官府残酷镇压少数民族，六洞与"天甫"（黎平茅贡区流黄、高进一带的大款）倒牛合款，共同御敌。清代康熙、雍正及道光年间，黎、榕、从毗连地区都有过联合议款的活动。雍正年间在古州月寨聚集九十九位款首联款议事，议定共同的款约，习惯上称"九十九老"，其中有伦理规约条款、破姓开亲新规和治安条律。咸丰五年（1855年），六洞款首梁维干在"登坪梦"款场召集侗寨联款议事，拉开了咸同年间从江地区各民族抗暴起义的序幕。清末民初，九洞以王故烈为首的苗侗联款，维护了地方治安及道德风尚。民国十九年（1930年），永从县县长刘伯俊搜刮民财，激起民愤，六洞款各寨头人聚集"登坪梦"议款，写状纸控告，后刘被查处。民国二十三年（1934年），九洞款首吴光明组织各寨款众数千人进行抗暴斗争。尔后，款组织逐渐失去作用。原先具有无上权威的款场，迄今已成为民族历史遗迹，或仅作为民间文化活动场所。

　　侗族民间"起款"，款首便把本次决议内容用简练易记的语言编成韵文形式的款词，成为款约（又称"理词"）。每次议款活动均在款众中朗朗讲诵，同时栽岩为记（意为款约与岩石万古长存），使款约具有神圣不可侵犯的权威。

　　款约内容广泛，涉及治安、伦理、婚丧等许多方面。清代以后，侗族地区一些读书人用汉文拟写民间款约并刻成款碑。遗留至今的有增冲《万古传名》碑，立于康熙十一年（1672年）七月（高增也有一块内容几乎完全相同的款碑）；信地宰成残存一块解决信地与高船两寨地界纠纷的石碑，立于康熙五十六年（1717年）三月，碑上刻着当年参与调解的托苗、滚玉、盘阳、争葱（今增冲）、曹滴（今朝利）等寨寨老的名字。增冲的《遗德万古》碑立于光绪二十二年（1896年）六月，立约宗旨在于促进人口增长。六洞的《公众禁约》款碑立于清代末年，碑序说："……律法足以平奸究，禁条足以严盗贼……"款规执行颇严，尤以惯偷及内奸最令人切齿，常被处死，且均由其亲属执行。光绪末年，新安乡高良寨惯偷梁钱三作案被抓获，按款规由其兄弟将其处死。民国十四年（1925年）至二十二年（1933年），因惯偷被处死者有：信地宰友杨某被其母逼吞鸦片致死；朝利吴某某、吴某某分别被其父母打死、活埋；和平乡占里寨惯偷吴某也由其亲属处死。

新中国成立前，占里、付中、托里三寨为一小款。这个小款又与板娘、八甸、弄盆、歹背、丙妹、平豪、平端、谷洞、高丙、高武、银潭、大榕、大歹、回里、小榕、上歹、高增、岜扒、小黄、高平、流架、清响、岭高、平友、高吊、三岗二十六寨七千八百户组成的五个小款联合为一个大款，履行款约的责任与义务。1918年占里被土匪围攻，一经鸣放塘炮，附近村寨都来增援，打退了土匪，保护了村寨的安全。与此同时，和占里同为一个大款的谷洞也被土匪劫掠，当该寨鸣放"塘炮"求援时，各小款的腊汉迅速奔赴谷洞参加战斗，直至将土匪击退（石开忠，2001b：77）。清代至民国时期，侗款有效地维护了侗区的社会秩序和道德风尚。

作为一个侗族社区，占里不仅遵守大款的款约，还制订了具有村寨特色的款约。为了保持款的传承性、神圣性和权威性，每年在占里最重要的节日——二月初一和八月初一——时，寨老们都要在鼓楼坪前当众议款，以警示村民要严格遵守，不得违反。占里的款约由以下六条组成，关于控制人口、计划生育的内容被放在第一条，足见其在社会生活中的重要性；而对违犯款约的村民的严厉制裁也在一定程度上保证了其作为控制机制的有效性。

1. 控制人口。每家每户只能有两个孩子，一男一女。超生一个，男的没有人嫁给他，女的没有人娶她；再多生一男一女，要杀牛杀猪；超生三个或者四个，就要罚款；超生五个以上的，要赶出寨门。

2. 防治盗窃。偷盗东西，被主人家拿到的，不仅要归还偷盗的东西，还要他家杀牛并罚款五十二两白银。

3. 保护树木。严禁砍伐村寨周边山上的封山树木。如果砍伐了的话,树木要没收,还要杀牛罚款,给村里赔偿损失。

4. 安全用火。家里的火塘,坡上的野火,都要注意使用安全,防止火灾发生。失火者要被赶出寨子三年;回到寨子要杀牛赔罪,还要赔偿村里五十二两银子作为买寨钱,只能住在寨边。

5. 禁止赌博、吸毒。赌博、吸毒者一旦被发现,就要处以罚款;屡教不改者,要被驱逐出寨门。

6. 不准贪污。所有的寨老都不准收受贿赂,如果有谁因为贪污而徇私舞弊的话要杀牛、杀猪赔罪,严重的甚至是撤销寨老的职务。

——由占里寨老公超提供,村民吴新华帮助翻译

综合来看,"合款"组织具有以下特征。

第一,具有广泛的民主性。"合款"组织是在契约的基础上形成的村寨联盟,是成员集体意志的体现;作为领袖人物的款首(在村寨中是寨老)是民主推选出来的,没有特权,完全凭借杰出的个人魅力和集体智慧处理款内各项事务;款首不脱离生产,不能接受贿赂,处理事情要公正合理,接受大家的监督;无论村寨规模大小,所有的款首一律平等,"合款"的各个村寨之间地位平等,都要受到款约的规制;有的时候,会采取"神判"方式解决问题,对于违反款约(规)的人,采取极为严厉的制裁方式,并常由其亲属执行,以达到警示的目的。

第二,民间自治的社会组织。款的运行完全依靠侗族社会内部的民间自治完成,一直停留在"无官"的阶段,没有发展成为官僚机构。虽然有款首管理日常事务,但款首只是一个管理人,而非行政长官。在做出重大决定之前,款内所有人都有表决权和发言权,大家都是平等的。这种形式的社会政治制度的形成,可能跟这一地区的自然环境、社会环境以及社会发展阶段等诸多因

素有关，反映了一种特殊的民族文化心理。

第三，联防、自卫的军事同盟性。"合款"组织主要是为了在对外行动中增加自身的抵抗能力而形成的一种政治、军事同盟。款内的村寨负有互相支援、联防互保、"缓急相救"的义务。"一有警情即发炮报警，邻寨则鸣炮相应，并登楼击鼓聚众，操戈以待，同时派人驰援受害村寨"；如有遇警不救的村寨，就会受到严厉的制裁和社会舆论的谴责。

第四，"合款"组织还具有浓厚的血缘性和地缘性相结合的特点。虽然"合款"是以村寨为单位，但是侗族大多聚族而居，村寨内部各家之间也多有亲缘关系。基层款首多由威望高的寨老担任，而实际上，他们往往又是家族内部的族长，是血缘关系组织的核心。这样双重的身份，一方面便于他们整合家族内部的力量；另一方面便于联系毗邻村寨的力量，层层结盟，构成一个自治、自卫相统合的民主组织。

虽然现在"合款"组织联防自卫的社会功能已经不复存在，作为最高领袖的大款款首或联合大款款首也已经消失在社会生活中，但是这些款约早已经深入人心，成为人们的行为规范，并在村寨生活中继续发挥调节社会关系、凝聚民族感情、改革社会习俗、宣传道德教育等功能。

二 村

侗族地区长期以来不仅有款组织的存在，同时也有以村为基层自治单位的社会组织，这些村有的是大款中的一个小款，有的只是小款的一个组成部分。"村"，在侗语中叫作"cunt"，与汉字"村"的发音十分近似，不知是否受到了汉语的影响。村组织上达款组织，是款组织的一个部分或细胞；下连各家族组织，是家族组织的头脑或指挥。

村与款的不同之处在于：款组织主要处理的是族际或地域性的事件，跨越的范围较大；村则处理本村寨或寨与寨之间的事务，主要以处理寨内事务为主。款与村均有规约存在，但是二者之间存在明显的不同。

第一，从名称来看，款组织的规约叫作"款约"，村的规约叫作"寨规"、"乡规民约"或者习惯法。

第二，从所涉及的内容来看，款约主要是民族地域性内容，而寨规具有一事一议性。

与款组织有款首一样，每村也有自己的自然领袖，叫作寨老。寨老一般由群众公认德高望重的中、老年人为担任，是能力出众、深孚众望、被群众普遍认可的"自然领袖"，根据村寨大小设一至数人不等。寨老非世袭制，没有报酬，不享有任何超出普通村民的特权，在村民的监督下开展工作：寨老负责召集鼓楼会议，与村民共商大事，执行寨规款约，调解民事纠纷，裁决村内事务，主持村内大型祭祀活动，安排村寨之间的社交及村内群众的娱乐活动，代表全村出面协商解决寨际纠纷，等等。新中国成立前，凡遇外来侵扰，寨老则号召腊汉组织（由 15~36 岁男子组成）抗御。民国二十九年（1940 年），朝利寨老吴光明、吴起志曾号召腊汉在村内惩赌、驱赶赌徒，训斥保董渎职（贵州省从江县志编纂委员会，1999：107）。

新中国成立后，区、乡人民政权机构日益健全，村级各种组织日益完善，特别是在新中国成立初期的历次运动中，寨老被当作运动的对象、"人民的敌人"而被打倒，寨老的政治职能逐渐消失。20 世纪 80 年代，有些村寨又恢复寨老组织，村里开会研究问题，也请老人或寨老列席，他们的意见也多受到尊重和采纳（兼重努，1998：93~120）。现在，占里的寨老有六个，分别是：公团、公桂花、公超、公阳海、吴明冲、公忠应。他们有些是退休的老村长、老支书、老会计等，有些只是普通的村民，因为为人热心公正，被村民们公推为寨老。有的寨老还身兼两职，既是寨老，又是鬼师，可谓"日辨人间是非，夜断阴司曲直"。关于寨老产生的方式，年龄最大的寨老兼鬼师公团认为：

寨老呀，那也没有什么的，只要你有威信，能够说得起话，有人信服你，那么你就是（寨老）了。像是以前我们村里最有威信的寨老公忠应，他是老村长哩。在他当村长那时候，我们村里重建了鼓楼和萨庙，他的话大家都愿意听，也都很信服他的。

寨老制度其实是原始社会老人政治（gerontocracy）的残留，是一种由少数老人或以老人为主把持政治权力、行使统治权的政治（陈国强等，2002：55）。老人社会阅历丰富，拥有应付各种突发状况的经验，从而在原始社会中握有政治大权，如氏族、部落时代的酋长，以及后来的族长、祠长和自然领袖等，这些人通常都是由该族（地区）辈分最高、年龄最大的人担任。老人政治发展到今天，多多少少有些变化，变得更加适应社会。占里的寨老制度就兼有传统性与现代性。

占里的寨规主要有以下一些条款（石开忠，2001b：78~79）。

第一部分　不准条款

1. 夫妇要计划生育，不准超生。
2. 不准抽大烟。
3. 不准赌博。
4. 不准小偷小摸。
5. 二月初七开始上山砍防火线，你不搞，别人放火烧到你的地头来不要怪罪；七月七后才准放火烧坡，不到时间不准放火烧坡。

第二部分　处罚条款

1. 安在山上的捕鼠罗雀工具及捕获物被盗，罚偷盗者银50两。
2. 山上的蜂窝被人发现并打上草标为记号，后来被人偷走，罚偷盗者120个鸡蛋。

3. 订婚后又不相爱，不管男女，罚银 4 两 4。

4. 讲成婚后，谁反悔退婚，罚银 2 两 2。

5. 结婚后离婚，罚银 8 两 8。

6. 结婚后有小孩离婚，罚银 12 两。

7. 破坏他人家庭，强占别人老婆者，如果结婚未有小孩，按刚结婚又离婚罚款数加倍；如果有小孩，按结婚后有小孩离婚数额加倍处罚。

8. 内勾外引，罚银 50 两，敲一头牛给全寨人吃，以示赔罪。

9. 放火烧坡，寨人去扑救，罚失火者一头牛或一头猪（120 斤以上）、酒 120 斤供人们吃，以示赔罪。

10. 偷鸡罚银 1 两 1。

11. 偷鸭罚银 1 两 2。

12. 偷砍别人柴山罚银 2 两 2。

13. 偷窃塘（田）鱼及禾谷者，罚银 8 两 8。

14. 挖人墙壁，偷牛、猪者罚银 24 两；重犯两次以上者，罚银 52 两。

15. 强奸未婚女子，罚银 120 毫。

16. 强奸有夫之妇，罚银 240 毫。

17. 失火延烧村寨，罚牛一头祭鬼神。

18. 屡教不改者，处以以下体罚：（1）吊猪绳；（2）勒头；（3）火烫腿。

此外还有"砍鸡""捞油锅""煮米"等审判方法。据说，约在八十多年（1928 年）前，因村内派人到乡公所缴款，遗失银洋 10 元，因而，在寨老的主持下到阴坳（地名）"砍鸡"，结果鸡死在主持人眼前。由于神判没有结果，之后寨老决定由全寨人共同承担这 10 元的失款。"煮米"的审判据当地老人回忆，未曾听说实行过；唯"捞油锅"大约在 150 年前搞过一次，当事人在看到一锅滚烫的油的时候，吓得不敢伸手去摸而逃跑了（中国科学院民族研究所贵州少数民族社会历史调查组、中国科学院贵州分院民族研究所，1964：15）。经过寨规的处罚仍然屡教不改者，由其亲属将其杀死（石开忠，2001b：79）。

占里借款约订立寨规供全寨人遵循，与此同时还大力宣传，使其更加深入人心。占里人常说的一句格言"乡有规，侗有理，既成寨规，便严苛无情"，说明了寨规在侗族群众心目中的地位。每年的农历二月初一（传说中祖先们因为逃难而离开梧州的时间）和八月初一（传说中祖先们到达黎平定居的时间）这两天为盟誓日。由吴氏族长组织，全寨男女老少在各房族族长带领下集中到鼓楼边杀猪祭石，在寨老的带领下，喝血酒对石头发誓。

> 天说天高天会变，地说地大踩也陷，唯有石头硬朗不会烂。今天杀猪百斤来祭祖，杀牛一头来祭石。铜盆去接，全寨喝血。请石头公公当面来见证：今天血酒喝下，人人心知肚明。先有鼓楼后有寨，先有村寨后有家。要像鸭脚连成块，莫像鸡脚分丫杈。十人同路人见怕，一牛独行穿鼻拉。客有客家理，侗有侗规章：生息也要按计划，夫妻两个生一双。倘若哪人不信硬多生，财产充公赶他出寨门。哪人不信反款约，后头自会给他苦来尝，罪轻一家丢村寨，罪重全族得走光。喝了血酒发毒誓，全为后代子孙强……
>
> ——歌词的汉语翻译由从江县计生局提供

在占里可以看到，计划生育的寨规对这个侗家村寨有深远影响。寨老如果没有在寨规中强调少生，如果在执行之初没有发挥权威性和强制性的作用，恐怕很难形成这样一种少育文化。也就是说，在乡土社会中权威影响往往大于权力，光拥有权力而不具有权威，权力就很难产生效果。事实上，在今天的占里，村寨里的大小事情，仍然离不开寨老们的参与和指导。占里现在的几位寨老，年纪最大的已经85岁了，村长和支书对他们都很尊敬。有一次，在与村支书的谈话中，我提到了村里的寨老政治。

我：占里究竟是你们当家还是寨老们做主？

支书（笑）：凡事我们村干部都要和寨老们商量过后再办，也说不上谁做主，特别是一些涉及仪式和公共生活方面的事务，像是整修防火线啦之类的，寨老们在村里还是很有权威和发言权的。他们做事在理，处事公正，大家也都愿意听他们的话。没有寨老们的支持，我们的工作也不可能开展得这么顺利。

我：那在计划生育工作中谁起的作用更大呢？

支书：计划生育，那是我们村的传统文化。在传统这一块，还是寨老们说话更有力啊！你看我们每年在鼓楼前面盟誓，那就是在寨老们的带领下进行的。可以说，没有他们（传承），占里的计划生育也不能保持得这么好。

第二节　宗族制度

宗族制度不一定只存在于汉族地区，在中国的少数民族中也广泛存在着，不过名称不尽相同。占里的宗族制度就是以兜、基、公、然为递进层级（见图5-1），形成了具有民族特色和地域特色的组织形式。

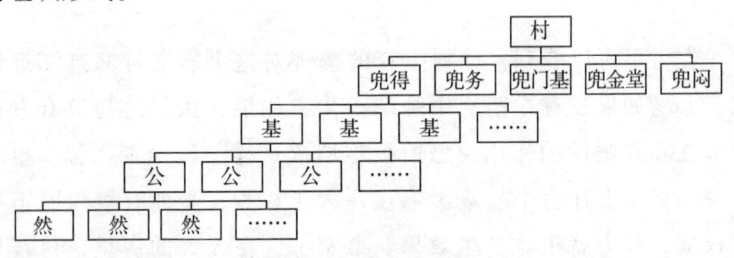

图5-1　占里的宗族结构

一 兜

"兜",侗语叫作"doux",是侗音记汉字,意思是具有同一血缘关系的一伙人,即汉语中所说的"房族"。占里共有五兜,分别是兜得、兜务、兜门基、兜金堂、兜闷。据说这五兜是由最初的五个兄弟繁衍发展而来,是最初到达占里的开拓者。兜内成员包括男性及其配偶,还有未出嫁的女性。兜内禁止互相婚媾。五兜共同使用一座山作为家族墓地,每年清明节和祭祖日(农历二月初一和八月初一)共同祭扫同一祖先的墓地;共商族内大事;经济生活中相互帮助,不分你我;成员有辈分上的差距;等等。

占里五兜均使用"吴"作为自己的汉姓。由于前后迁来的时间不一,因此也有其他的姓氏,如潘、黄、石三姓各两户,彭、贾、伍、孟、蒋、杨、高七姓各一户。后迁来的住户要先挂靠在某兜居住三年,由介绍来的人家担保,年满如没有发生重大的事情,则可改"姓"入兜,成为某兜中的一户。如两户石姓,一户从峦里迁来,一户从岜扒迁来,都加入兜务房族;一户贾姓,从岜扒迁来,加入兜得房族;一户杨姓[①],从朝里迁来,加入兜得房族;一户伍姓,从黎平县双江乜洞迁来,加入兜得房族;一户彭姓[②],从外地迁来,加入兜金堂房族;一户孟姓,苗族,从邻村付中迁来,加入兜金堂房族;一户蒋姓,从外地迁来,加入兜门基房族;一户黄姓,从外地迁来,加入兜门基房族;一户高姓[③],从从江迁来,加入兜闷房族。时至今日,各兜户数多寡不一,兜得45户,兜务40户,兜金堂36户,兜门基29户,兜闷20户。以前

---

① 杨姓最初是被占里人请来的教书先生,后来娶了一个占里的姑娘,并在此地安家落户。
② 来源地已不可考,据说是兜金堂从外面请来的武师,原为了保村卫寨,后来就逐渐在占里安了家。
③ 高姓出现的时间比较短。据说,占里的一个兜金堂家族的姑娘跟一个从江人结婚,后来生的孩子都归入了兜闷家族,具体原因不明。

五个家族各自聚居在一个地方,如兜务居中寨,兜得居下寨冲口,兜金堂居上寨溪边;现在则多分散居住,难以凭借居住地分辨各兜。

每兜有一名负责人,当地侗话叫作"蒙高",意为有一定地位、影响和脸面的人,凭年龄、阅历在兜内的老人中自然产生,往往是年龄最大、精明能干者入围。其职责是处理兜内或者兜之间的问题等,可以是寨老及小款首的候选人,到一定年龄不能处理其职责事务后自然离职。蒙高平时义务为兜内服务,没有任何报酬,他们是从然、公、基等基层慢慢成熟起来的。

"兜"组织在占里的传统社会生活中具有极高的权威,具有多种的职能,对宗族内的成员和家庭起着组织和支配作用。兜内供奉共同的祖先,举行共同的祭祀;有共同的经济活动和公益活动;共同遵守一定的禁忌;内部有自然生成的族长(蒙高),多由年长者担任,负责处理全族重大事件;有全体成员必须遵从的行为规范和伦理道德习俗;对违反者,族长召集兜内成员给予批评、制裁,轻者罚款、赔偿,重者开除族籍,甚至旧时还会剥夺生命。"兜"虽然是家族组织,但也带有一定的政治色彩:如有违反款约寨规者出现,也是整个群体的耻辱,惩罚多在兜内进行,并由近亲或直系亲属执行,绝不姑息;兜又具有军事性质,在遇有外敌入侵时,兜作为军事基层单位,参与保卫村寨或支援友邻的军事行动。

在占里,兜与兜之间组成互相通婚的亲戚集团,兜内则是兄弟姐妹不能通婚。占里实行的是寨内兜外通婚制[①],汉姓在这里没有区别血缘远近的实际功能,而仅仅是对外使用罢了。在占里,吴姓占绝大多数,但是也没有任何实际意义,只有兜的名称才具有区别血缘关系远近的实际功能,它与汉族地区用来区别血缘远近的姓氏的功能相同。这种兜际通婚、兜内不婚的规定,一方面保证了村寨结构的稳定性,嫁娶都在村内进行,不会影响原有的

---

① 个别吴姓之外的姓氏可不遵循此条规则而随意开亲。

各种社会组织关系；另一方面也使占里在控制人口数量的同时，重视人口性别结构的平衡，只有男女数量相当才能持续实行内婚，否则，就会出现男人找不到妻子或者女人无人可嫁的尴尬境地。

围绕"兜"的话题，我和一位占里村民（男性）进行了如下的对话。

问：村里的每个人都是哪一兜的，你都知道吗？

答：80%以上吧。

问：这么清楚？

答：是啊。兜内是不准结婚的，不清楚怎么找老婆。

问：每一兜是不是应该有一个首领？

答：按说是应该有的，不过我也不太清楚。

问：你们一般什么时候才会用到"兜"？

答：有喜事和丧事的时候。

问：什么样的喜事？

答：结婚的时候，还有定亲的时候。同一兜的人是不允许结婚的，所以每一个人都很清楚谁是属于哪一个兜的。

问：那么丧事的时候呢？

答：兜内有人死了，那么同一兜的人在棺木上山之前是绝对不允许动的，什么也不许做；丧家还要杀一头牛和一只猪，把肉分给兜内的每一家。

问：猪和牛由谁来杀呢？

答：由本兜的每家出一个人来搞。

问：怎么吃饭呢？

答：由住得近的、别兜的人来帮忙弄吃的；吃过饭后，连碗也要由别人来洗。只有等棺木上了山，本兜的人才能干活。

问：那么抬棺的人是本兜的吗？

答：绝对不可以。一定得是住得近的、别兜的人。抬棺上山回来后，在事主家里吃一顿饭，当然少不了鬼师来做一场法事，本兜的人才能随意走动。如果有的人死后不能马上上山，那么就要别兜的人来帮忙做好几天的饭。如果是岳母死了，女婿是一定要去抬棺的。

由此可见，兜的社会功能有五点。

第一，互助功能。凡兜内家庭的婚嫁、丧病、建房等大事，可视为全兜成员的事情，不需要主人家招呼，家家户户出人出力，无偿帮助。如果在丧事当中，丧家需要杀一头猪或者牛，把肉分给同兜内的各家，以示对大家给予帮助的感谢。

第二，规范功能。每兜都有自己世代相传的不成文的族规，这些族规是民间社会习惯法的组成部分。族规对于维护族外婚制、保护内部财产、奉行群体互助、维护群体尊严和声誉等方面做出了严格的规定，从外部对兜内成员的行为做出了约束。

第三，组织功能。在蒙高的主持下，协调本群体内部成员的互助关系，策划重要集体活动，如清明祭祖、村内工艺建设等。

第四，教育功能。保障兜内成员受到有效的乡规民约的教育，这使个人行为与社会约束并行不悖；处理违法事件时，由亲属执行，增加了警示力量。

第五，调节功能。一旦群体内部成员之间发生矛盾和冲突，则由蒙高出面，召集双方进行协商，和平解决纠纷，一般不诉诸武力或国家力量。这在民族志中并不少见。"在一个当事人之间的结构距离很窄的有限的社会环境中，世仇解决起来会相对容易"，因为，"双方的人们都牵扯在一起，而且他们之间肯定有许多亲属和姻亲关系"（埃文思-普里查德，2002：180~181）。

兜是宗族组织中最大的单位，由它控制下的组织基是构成兜的小部分，或者叫细胞。

二　基

"基",侗语的含义是"禁吃""祭祀"。基是随着兜的不断壮大、人数不断增多而形成的一种按亲疏远近关系结合的集团。换句话说,基是以自己的曾祖父（或父亲的祖父）为血缘上限,将三四代男性组成的家庭囊括进来,构成一个连绵不绝的世系继替系统。基与基之间是兄弟,基内同辈男人是兄弟,与兜的关系是同兜各基,同基的人禁止通婚。同时,对于基内的年老体弱者、鳏寡孤独者、生活困难者,基内成员具有给予帮助的义务。

基也同样有按年龄而自然入选的头人,平时负责基内事务,基际间的事务则提交到"蒙高"处解决。

与其他血缘组织相比,基最明显的特征是：在遇到丧事的时候,同基内各个家族忌荤,并为办丧事的家庭提供鱼、肉、米、布,共同办理丧事。而同兜的人不必忌荤。

> 基就是忌讳,就是不能吃肉的意思。我们平时上山做活路,不吃肉怎么有力气干活呢？所以,我们过一段时间就要集体杀一头牛来分肉吃。（要钱吗？）怎么可能不要钱,我们这里的牛肉不贵,13块钱一斤,（牛）瘪和（牛）血是不要钱的。不过,要是我们这里有人死了,那跟他同一个基的人都不能吃肉。（那同一兜的呢？）同一兜的就没有这个（禁忌）了。而且,同一基的人还要带鱼和米,还有肉和布去帮忙（处理丧事）。当然,带去的肉他们也不吃,主要是用来做给帮忙的别的兜的人吃。还有,要送一块布给抬棺的人。抬棺的肯定不是同一基的,也不是同一兜的,他们都不能（抬棺）。要别的兜的人才可以（抬棺上山）。不过,这样的事情也没哪个愿意做,所以要给人家一块布啦。（为什么要给布？）我怎么知道,反正都是要给（布）的。
>
> ——根据占里村民的讲述整理而成

基是一个仅次于兜但又大于"公"的组织，是血缘组织中的一个层次。

三 公

公，与汉语中"公"的意思相同，即同一个爷爷的子孙，由各叔伯兄弟组成，包括几个或更多的家庭，这取决于生育几个儿子。由于占里长期以来执行计划生育，控制孩子的个数，所以构成"公"的家庭并不多。在"公"内，小事情大家互相帮助处理，大事情则由同"基"的成员共同承担。

在"公"这一层次上，"公"（爷爷）是自然的头人，"公"内各家庭间的事务由"公"负责调解，各家庭的日常行为也由"公"进行监督。

同公的家庭一般在住地上都比较接近，或互为邻居，得到稀罕物或者好吃的东西会分到各户共同享用。

> 我跟老捞是同一个公，不过（这样的情况）在村里不多。我们这里有计划生育嘛，（每家）只生一男一女两个孩子，有两个男孩子的（情况）很少。我们的爸是兄弟，以前都住在一起的。你看这栋房子，我们（两家）一家一半。这样离得近，可以互相照顾。我老爸老妈死得太早了，我小的时候都是跟老捞的妈一起，（她）把我养大的。那时候还没有（生）老捞。（虽然）那不是我亲生的妈，我也叫她妈，你听到的。现在家里花钱什么的，都是我在出。你也看到了，我不是一个小气的人。有时候，我买了一些好吃的，也分给他们吃。（那你们家谁说了算？）我们的公现在都不在了，谁说都可以了。（谁来管钱？）各管各的吧，（不过）我有时候也把钱给我的妈。

——根据占里村民的讲述整理而成

可见，占里宗族组织中的"公"这一层次并不普遍。同公的家庭绝大部分居住在同一栋房子中，便于在日常生活中相互照顾。很多时候，同公的人对财产分割也不是很清晰，有的甚至在同一炉灶上吃饭。这个时候，公和然就不相区别、合为一体了。

四 然

"然"，侗语记汉字。我在占里调查期间，通过与当地人接触，分析他们的话语，认为"然"就是家（户）的意思。它是血缘组织中最小的单位，是社会的细胞，由父母及未结婚的子女组成。占里有婚后分家的习俗，加之历来少生孩子，因此家庭规模不大，结构也不复杂。

然，虽然在字面上可以理解为一家一户，但是，实际上"然"与家户之间仍有细微的差别。确切地说，"然"应为使用一个炉灶的人们。在一栋房子里居住的不一定是一个"然"，可能是多个；居住在两栋房子里的不一定是两个"然"，可能是一个，确定的方式应以有多少个在烧火的炉灶为准。比如，村支书家那栋房子中居住着兄弟两家，两家分开吃饭，也就是有两个灶，是两个"然"；而鬼师公团夫妇虽然单独住一栋房子，但是他们并不是单独吃饭，而是一直和住在旁边的儿子一家人同桌吃饭，使用一个灶，是一个"然"。这里的"然"，显然不是我们平时所说的一栋房子，即一家一户；也不是我们看到的户籍登记卡，即一卡一户；而是指使用一个灶、同桌吃饭的人们，即一灶一户。

第三节　年龄组制度

在占里，依照年龄的大小来划分等级、承担责任：未成年人充分享受童年的快乐；青年人为社会生活尽自己的责任；老人则作为管理阶层，对整个村寨社会做出统筹安排。不过，占里并非像某些非洲社会那样存在严格的年龄等级，而是一种比较宽松的年龄组制度。按照年龄大小来划分,占里的年龄组主要有两种:告班(未成年组和成年组)和允老(60岁以上男性组)(见图5-2)。

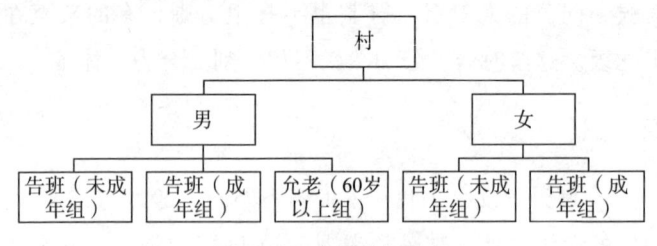

```
                    村
              ┌─────┴─────┐
              男          女
        ┌─────┼─────┐  ┌──┴──┐
     告班   告班   允老 告班  告班
    (未成  (成   (60岁(未成 (成
    年组)  年组)以上组)年组) 年组)
```

图5-2 占里的年龄组

一 告班

"告班"是侗语记汉字,意思就是同一年纪的人,是一个既松散又严密的按照年龄和性别结成的组织。

  告班,我知道,我和云、耐、花、棠就是一起的。我们每天一起上学,放学一起玩,还一起学唱歌。晚上,我们都在云家睡觉,不回自己家。(吃饭怎么办?)饿了就回家吃饭,吃完饭再跟我的朋友们一起玩儿。我们每天都去云家,唱歌、跳舞、看电视,我们就是一个告班的。
    ——根据占里一位八岁女孩的讲述整理而成

  告班是什么?我不知道啊!我每天都跟住在我家旁边的朋友一起玩。玩什么?我也不知道啊,就是玩。我最喜欢艳,因为她很乖。我也喜欢姐姐,(不过)我很少跟她玩。姐姐很凶,打我,因为我调皮。姐姐也不在家(住),她去朋友家。我(经常)在家。我不会唱歌,也不要学,那是女孩子(才学的东西)。
    ——根据占里一位七岁男孩的讲述整理而成

占里的未成年人并未进入村寨的秩序性生活,他们每天只需要享受无忧无虑的生活即可。他们在村落生活中所做事情,就是学习各种文化传统,包括侗族的传统大歌。总的来说,女孩子结告班的现象出现得相对较早,她们经常一起活动:学习唱歌、玩耍等;男孩子的告班组织则处于相对模糊的阶段,除了和住在自己家附近的朋友一起玩之外,告班的其他特点都未表现出来。

成年礼在占里人的一生中占有重要的位置。虽然每年农历的八月初一都会在鼓楼前举行成年仪式,但是仪式参加者的年龄并不统一。也就是说,在占里,并未有一个固定年龄的成年仪式。

> 在我们这里,"腊班"和"腊汉"① 都是(用来表示)男孩子的意思。不过,腊班是没成年的、还不能去闹姑娘的小男孩;腊汉才是男子汉,可以去闹姑娘了。八月初一的时候,在鼓楼前宣誓以后,就是腊汉了啊。具体年龄吗?你想去就可以去啊,没个一定的。一般都是十三四岁以后吧。"腊妹"就是女孩子(的意思)。过年时候,只要你去参加踩歌堂② 就是腊妹了啊。年龄没有规定的,看你自己啊,想去就可以去了。能够踩歌堂,就能够(参加)闹姑娘了呀!
> ——占里村民对"成年"的认知

占里的成年应该是一个比较宽泛的概念,虽然界定这个标准很难,但是,也不应该像他们自己说的那样,完全由自己决定,总归要有一个标准的。我觉得,应该是以他们身体第二性(征)的发育为标准,比如女孩子初潮到来后,就算

---

① 腊班、腊汉和腊妹均为侗语记汉字。
② 踩歌堂是春节时占里寨侗族喜爱的一种娱乐,农历正月初三到初五,青年男女穿上盛装,聚集在鼓楼外面的广场上,手牵着手团团周转,以抑扬顿挫的音调歌唱他们祖先的由来、四季的农事以及男女之间的爱情等。

成年了，可以参加成年仪式并参与到社会生活中来了。

——石开忠教授对占里成年标准的讨论①

占里人的成年应该是一个自测的过程，即在生理上，第二性征的发育；在心理上，做好成为社会人的准备。生理上和心理上是否足以成熟到担任成年人的角色，由自测来完成，而非社会强制性转变，占里社会政治的民主性由此可见一斑。成年仪式之后的占里人就开始正式进入村寨的社会生活，逐步参与村寨的政治、军事、经济、对外交流活动。

告班，就是一班的女孩子，并不全是指在学校里上课的班级，主要是年纪差不多的人。也不是村子里所有同一年纪的人都是一个告班，我们这里是以小鼓楼为界的，以南、以北的年龄差不多的女孩子们分成两个告班。同一个告班的女孩子们通常凑在一起学习和练习唱歌；有客人来的时候拦寨门唱祝酒歌，有的时候还要和人对歌。有的时候，我们还会结伴一起去上坡玩。村子里的人，基本上八岁的、九岁的、十一岁的、十三岁、十五岁的都有自己的告班；还有那些结了婚的人，从结婚前就有自己的告班，结婚后还是继续保持着。像我们妈妈那种年纪的也有（自己的告班）。我们同告班的女孩子关系很好的，（因为）我们从小都是一起长大的，做什么都在一起。不过这么多的女孩子们凑在一起，有的时候也会闹别扭啊什么的，（但是我们）很快就会和好了。像我们（要是）吵架，不到一个小时就又玩到一起了。也有玩不好的，不喜欢这个告班，想去另外一个（告班）的。像我们的告班中就有这样一个，她从别的告班来到我们的告班。我们

---

① 2006年10月我曾前往贵州民族大学采访石开忠教授，其间谈到了关于占里的成年问题。

玩得很好的。

——根据占里一位十五岁的女孩的讲述整理而成

  我在小的时候啊，大约五六岁吧，像我的女儿差不多（年龄）的时候就跟一班年纪差不多的朋友结成了告班。现在我女儿也有自己的告班。我们的告班里现在一共有22个人。男孩子们的告班一般都比女孩子的人多，因为一个告班也就是一个歌队。你看，四五个女孩子，她们就可以组成一个歌队，而男孩子们总要二十人以上。因为男孩子们都害羞啊（笑），人少了他们不好意思上台了，所以一般人都很多。像这次在占里召开的侗歌比赛，报名男（子代表）队的（虽然）有四个，（但是）参加的就只有我们一个。其他村寨就更没有了，他们现在都想着出去打工，都已经不再学习唱歌了，只有我们（占里）还在从小学习。我们告班中更是人人都会唱歌。我们是从小就开始一起学习唱歌的，我们一个告班的也是这样一起长大的。只不过女孩子们从小就腻在一起，而男孩子则更多是在长大后才聚在一起。女孩子们学习唱歌最早是跟着自己的妈妈，我们男孩子一般是由歌师教。女孩子的歌有些男歌师也会唱，也可以教她们，但是男孩子们唱的歌，女人是不会唱的，只能是（男）歌师教。我们这一个告班里，打工的人要外出，自然不能参与集体的活动。比如说我们告班中的勇，（因为）他长时间外出工作，不在家里，也不能参与告班中的活动，（所以）现在他已经不再是我们这个告班的，但是当他从外面回来后，还是可以和大家一起玩的。结婚是没有关系的，妻子住在家中，丈夫还是可以出去外面玩的，闹姑娘也是可以的，喝酒也没有问题。我们侗家人和你们客家人不一样，跟告班中的人关系好，妻子也不会说什么的。（婆媳之间也不会有任何问题了？）婆媳之间闹意见的不多，有的话也是因为婆婆对媳妇的行为有些意见而已，矛盾并不尖锐。(那么告班中会不会有矛盾呢?)从来没有过。如果有也是两个人私下解决,不会发生太大的问题,绝对不会发生有人退出告班的事情。我们村里所有人都有自己的告班,(尽管)有的告班也不会唱歌,我们的告班是会唱歌的。

——根据占里一位二十六岁的男性的讲述整理而成

我主要就是协调大家之间的矛盾;还有就是把所有的人召集到一起,参加一些活动,决定一些事情,带着大家去唱歌、对歌,就这些吧。我们平时主要就是一起唱歌,一起喝酒;白天一起上坡,晚上一起闹姑娘;要是有外寨的客人来的话,去寨门迎接客人,在鼓楼前和客人对歌,唱大歌,反正就是做什么都在一起。我觉得,告班有利于传统的保留。比如说打工的人可能回来后都不喜欢说侗语了,觉得土,我们总在一起说的话,也能带动他恢复原来的生活,让他尽快重新适应在寨子里的生活。再比如,我们都执行计划生育,那么在相互影响之下,每个人也都会(执行计划生育)。而且,我们总在一起,可以让每个人都不受欺负,还能防止有人去欺负别个。一大群人一起活动,也减少了我们个别人去做坏事的机会。

——告班头对自己职责的认识

综上所述,作为年龄组的告班,其特点和功能如下。

第一,同一告班内成员的年龄大致相当,而非精确到同一年出生。

第二,一个告班一般就是一个歌队,告班成员从小就开始跟随村里精通大歌技巧、熟知大歌内容的歌师学习唱歌,培养了良好的默契才能够演绎出美妙的多声部复合式歌曲。

第三,结成告班的人可以不是一个兜的,或者说是没有任何血缘关系的一帮人,只要他们(她们)居住的吊脚楼相距不远、年龄相差不大,就可以自由结合在一起,成为一个告班。不过,结告班也有一个潜规则,就是大、小鼓楼之间互相不得结成告班。① 告班成员之间是同辈关系,一个占里人是不能和与自己同属一个告班的人的女儿闹姑娘、谈恋爱、缔结婚姻关系的。

第四,尽管每一个告班都有自己的头领,或者可以翻译为"告班头",由人缘好、稳重的人担任,在告班中主要起协调和组织的作用,但实际上,告班内成员之间的关系是完全平等的,同龄伙伴之间并不拘礼,可以随意开玩笑、打闹,在一起吃饭、睡觉,等等。同龄伙伴在劳动、学习以及所有的闲暇活动中都在一起。

第五,告班关系从五六岁学习唱歌时结成,此后差不多要维持一辈子。结成告班的人随时可以退出此一告班而加入彼一告班,十分自由;可是不管何时,一个占里人不是属于这一告班就是属于那一告班,不会存在游离于告班之外的人。

第六,同一告班的女孩子们白天一起玩耍,晚上在一处睡觉,除非肚子饿,否则很少回自己家;而同一告班的男孩子们则一起唱歌,一起喝酒,一起闹姑娘,农忙时互相帮忙,农闲时相约上山打猎。

第七,告班承担最基本的社会责任,如果有外寨的客人来做客的话,就要去寨门迎接客人,在鼓楼前和客人对歌,唱大歌,等等。

二 允老

"允老",是侗音记汉字,意思为老人,也被称为"长老"或"阁老"。允老组织就是老人们的组织,一般60岁以上的老年人(男性)自动进入这一组织。允老组织是原始社会老人会议的残

---

① 在侗族,一座鼓楼就代表一个自然寨。因为占里有两座鼓楼,就表示占里是两个自然寨。不过,占里的一分为二只是象征性的,并不具有任何实际含义。据占里人讲,当年建两座鼓楼主要因为占里地处山坳,不易与外界联系,少有亲戚走动,因此人为地将寨子划分为两半,以大、小鼓楼为中心,互为亲戚,年节时相互走动,年轻人也彼此对歌娱乐。不过,现在小鼓楼由于年久失修,基本废弃不用,但彼此分隔的传统已经形成,所以占里的男孩和女孩在结告班的时候,大鼓楼一边、小鼓楼一边,彼此分得很清楚。

留,是原始社会的群落由老人处理行政等事务的一种社会控制方法。在某些原始社会的氏族中,政治权由一群老人掌握:他们有集体决定和平、征战、血亲复仇、祭仪、狩猎以及集体迁移等事项的权力。老人一般由于年龄关系而累积了大量的生活经验和组织经验;也因为年龄渐大而退出了体力劳动,有大量的空闲时间,可以为村寨内部事务出力。他们在群体中一般没有特权,也没有报酬,身份不能世袭。

允老既是宗族长老,通常又是村寨长者,在村内享有威信、受群众拥护。他们平时从事家庭劳动和农业生产劳动,有事发生时则履行职责,执行寨规和款约。允老要受群众的监督,违法、有过错或不称职者随时可以被罢免。寨老召开整个村寨大会的时候,允老都必须参加,每个与会者都有发言权和表决权。大会通过的决议,每家每户必须遵守,不得违反,由寨老和允老们贯彻执行。例如,占里关于通过计划生育提议的大会,就是在八宾和那云两个寨老的组织和主持下召开的,参加会议的每个人都可以提出自己的意见。但是,决议通过之后,"计划生育"就不再只是两个寨老提出的建议,而成为整个村落共同遵守的行为规范,就具有了政策效力。

占里的允老组织结构比较松散,出入自便,是一个以寨老和小款首为核心的决策组织。这个组织平时没有什么经常性的活动或者集会,但是款内外的大事及婚姻纠纷等则需要他们出面做最后决策和定夺。凡寨内的大事均由他们研究、指点,并直接参与议事,有时甚至具有操纵、控制寨老行使职权的性质。允老组织主要是以老年男性为主,如果是在鼓楼议事,则全部是由老年男性参加;如果是在寨老家中议事,有时也有老年女性参加并发表自己的意见,但是这种情况非常少见。与占里其他的组织相比,允老组织具有较强的权威性。

我们称呼60岁以上的老人家为允老、阁老。老人家有年纪了，知道得多，经验也丰富，听他们的肯定没错的。寨老跟允老当然不一样了。60岁以上的都是允老，但是可不都是寨老啊！不过，寨老也是大家从允老里面选出来的。就算允老不是寨老，我们平常有什么事情，也还是会去问他们的。家里有什么事情，也要去请他们来的。就像前几天，我们这里不是有人家订婚，全村一共吃了三天酒吗？那最后一天就是专门安排给村里的阁老们的。阁老们不同意的事情，肯定不通的。

——根据占里村民的讲述整理而成

我们这里要离婚可麻烦了。订婚后要是反悔了，要罚银4两4；结婚没有孩子想离婚，罚银8两8；结婚还有了孩子，要是想离婚的话，罚银12两。听说托里那边离婚很容易，我们这里就不行的，因为这里都有允老、寨老们监督的。要是你本人跑了，人家还会去罚你的家里人，你的爸和妈。虽然我们这边订婚还是父母说了算，（但是）父母还是要问问孩子的意见的，万一孩子不同意，跑了，父母也得出钱啊！

——根据占里村民的讲述整理而成

三 成年仪式

要想了解年龄组中的成员身份是如何决定一个人的行为的，首先要了解占里的成年仪式。

占里的成年仪式在每年农历的八月初一举行。当天，所有成年的青年男女们聚集在鼓楼坪前，首先聆听寨老讲款：要控制人口；要防治偷盗；要保护树木；要安全用火；要禁止赌博；不准贪污。[①] 寨老每讲一条，众人便齐声附和，以示赞同。六条讲完

---

① 俗称"六条"，每一个占里人都耳熟能详。原本只有五条，清朝开始执行计划生育后，寨老八宾和那云有感于计划生育的重要性，遂将控制人口放在了第一位。

后，当众杀一头猪并将其血混入酒中，所有参与仪式的人都要喝此血酒，以示歃血为盟、不得反悔。最后，参加成年仪式的青年男女们手牵手，围成两个大圈（女孩在内圈，男孩在外圈）边唱边跳。歌词内容如下：

劝世歌

（一）

乡有规，侗有理，

既成寨规，便严苛无情，

谁家多生孩子，

便拉他家的牛、猪来杀吃，

还要多生多养的，就逐出寨门。

（二）

祖祖辈辈住山坡，没有坝子也没河。

种好田地多植树，少生儿女多快活。

一株树上一窝雀，多了一窝就挨饿。

告知子孙听我说，不要违反我规约。

（三）

家养崽多家贫困，树结果多树翻根。

养得女多无银戴，养得崽多无田耕。

女争金银男争地，兄弟姐妹闹不停。

盗贼来自贫穷起，多生儿女穷祸根。

——由从江县计生局提供

在发誓遵守"六条"、执行计划生育之后，成年仪式宣告结束。由此可以看出，对占里人的成年仪式来说，最重要的一个功能就是教育和宣传。成年之后，就不能像小孩子那样无忧无虑，进入社会生活后，必须遵守社会秩序。如寨规和款约等，虽然在日常生活中已经有所学习，但是在成年仪式上的再教育往往可以起到更深的警示作用。特纳（2006）认为，仪式特别强调了长者的绝对权威，而参加仪式的人之间都是绝对平等的关系；长者对新人的权威是仪式上和道德上的，而不是法律上的；这种权威被认为表达了群体的集体利益，长者反映了社会公认的价值观。因此，老人（寨老）在成年仪式上的教育更容易被接受且让青年人印象深刻。

　　年龄组没有任何行政的、司法的或其他专门性的政治职能，也没有明确的军事职能。尽管成年组男性的告班同时具有军事组织的性质——以前是款兵的组成部分，负责保卫村寨、支援同款的成员；现在则是民兵组织，负责村寨内部日常的治安管理——但是，我认为这种组织并不能被描述为一种军事组织。因为"他们并没有任何各年龄组所要经历的武士等级，也没有一个各年龄组所要晋身其中的长老等级"（埃文思-普里查德，2002：294）。更何况，侗族文化上的平和性，决定了他们对战争并没有那么大的兴趣。与总是去参与地方性的争端或村寨间的械斗相比，他们更喜欢将协商作为解决争端的手段，用遗忘去解决村寨内部的矛盾。

　　　　我们村里怎么会没有斗争呢？"文革"的时候，我们天天斗地主、斗富农。你不斗也不行啊，那是任务。而且那时候的领导都是外姓。以前他们刚来的时候，我们给他们一口饭吃，后来又来搞我们，你说我们心里能服气？不过有矛盾也没办法，你也不能离开这里啊，大家都是亲戚，都住在一起，只能尽量去淡忘了。

　　　　　　　　　　　　——根据一位占里村民的讲述整理而成

　　从少年期到成年期，在身份上是一个突然的转变，但是将这两个时期区别对待的方式也是不合理的，因为对于所有的年龄组来说，所享受的权力是平等的，只不过因为担负的责任和义务不一样而被分成了成年和未成年两个组别。直到老年（60岁）以后，男性开始对村寨具有管理权和组织权，并上升为权威阶层。当个人到达一个新位置的时候，就需要担负新的责任，这种责任的传递，保持了社会秩序的平稳发展。当然，很显著的一点就是，在占里被纳入国家体系之后，年龄组制度正在发生迅速而巨大的改变：九年义务教育的普及、外出打工人数的增加都深刻影响了这一制度的保存和延续。

第四节 信仰体系

除了政治制度、宗族制度和年龄组制度之外，信仰体系在规范人们行为方式中也发挥了重要作用。埃文斯-普理查德通过对阿赞德人的巫术、神谕和魔法的观察和研究发现，独特的信仰体系在构建并维持着当地人的社会生活秩序。本书中的占里人，之所以能够长期坚持执行计划生育，将人口数量控制在一定范围之内，由当地独特的信仰体系构成的秩序结构是重要因素之一。只有弄清楚当地人的认知系统和信仰体系，才能较为全面地理解、探讨他们的行为方式。

占里的宗教领袖是鬼师。鬼师可以是家族世袭的，也可以是自学成才的。而且自学成才的鬼师更容易成为法力高强、受人尊敬的鬼师。鬼师公团曾经在与我的谈话中说过：

> 我们家里人以前没有出过鬼师的。我今年已经八十多岁了，大约在四十岁的时候成为鬼师。在我们这里，如果父亲是鬼师的话，就会教儿子抓鬼的方法，那么等父亲死了，儿子就自然成为新的鬼师了；如果父亲不是鬼师，像我这样的，就要先自己学，跟着别的鬼师学习怎么抓鬼，然后慢慢摸索，成为鬼师。开始的时候，人家也不找你，等时间长了，大家看你有本事，就开始找你了。我们最厉害的鬼师一般都不是跟父亲学（世袭）的，（反而）都是自己学习（抓鬼）的人。鬼师也不只是抓鬼、引导死人，有的时候还要给村里的人治

病。现在我们占里大大小小的鬼师有很多，（虽然）所有的鬼师都会抓鬼，但并不是所有的鬼师都懂草药、能够给人家治病。只有那些年纪大的鬼师，才会知道一些。

——根据鬼师公团的讲述整理而成

由于历次运动的影响，采访鬼师并不是一件容易的事情，作为民间宗教领袖，鬼师在面对外来者的时候，无论在语言还是态度上都十分谨慎，甚至很多鬼师都直接跟我说自己是在"搞迷信"。现将我第一次与鬼师补太①接触时访谈的内容附上。

问：鬼从哪里来？

答：溪头②那里。

问：鬼是什么样子的？

答：看不到，摸不着，我也没有见过。虽然我们也经常怀疑鬼的存在，但是，鬼害我们（身体上）痛是可以感受得到的。

问：鬼是什么变成的？

答：人死后，死好③的被鬼师引到天上；不死好的人④会回到自己死去的地方作祟，需要鬼师用一种草药加以控制，直至将他们送到天上。

问：鬼会不会害人？

---

① 2006年我第一次到占里调查的时候，村里地位最高、最有影响力的鬼师是公团，大家都很信服他。公团于2007年去世。2010年我第三次到占里调查的时候，村里最受人尊敬的鬼师就是补太。补太是鬼师家族出身，大约有60岁，据说是一位法力高深的大鬼师。
② 占里旁边有一条小溪。这里的"溪头"指的就是这条小溪的源头处。据说距离村寨非常远，徒步要走大约四五个小时的样子。
③ 指死在家里，最好是寿终正寝。
④ 指暴毙、自杀，这样的鬼是最厉害的。据说，死在外面的人会变成鬼回到自己的家里，也需要鬼师做特别的法事。

答：鬼有很多种，有好鬼也有坏鬼。有这样一个传说，以前有个人经常去盗墓，偷人家陪葬的玉石。后来几个曾经被偷过寨子的人联合起来，埋伏在可能被偷的墓的旁边，等盗墓人过来的时候，一起杀了他，然后把他身上的肉分成一块一块的，给了参与行动的各个寨子的人。后来大家把分到的这块肉埋到了路边。这个盗墓人后来变成了鬼，如果有人从（埋他肉的）路旁边经过，就会被抓，然后生病。遇到这样的坏鬼，就需要鬼师来抓。有的时候还要请贯公。（抓鬼）就是跟鬼商量，看看这个鬼是想吃小鸡、小鸭还是小狗，给它吃了之后，希望它能够离开。好鬼虽然不会害人，但是，如果你做了一些不好的事情，让它不高兴了，也会让你生病。比如，我们村的"得兜"（萨坛）那里就有鬼，原本是保护我们的鬼，但是，如果你在那里做了不好的事情，比如乱扔垃圾、随地大小便，鬼就会生气，然后，你就会生病了。这样也需要鬼师去跟鬼沟通，看看鬼想要什么东西，满足鬼的条件让鬼离开。

问：得兜的鬼是哪里来的？

答：黎平那里。我以前年轻的时候去过，在大山里，一个瀑布的后面，有个很冷很冷的山洞。鬼就是从那里请来的。这是保护我们寨子的好鬼。

问：有鬼，那么有没有神仙呢？

答：神仙也有。神仙就是最好、最聪明的鬼；它们做人的时候，也是最好、最聪明、最漂亮的。

从补太的回答中可以清楚看到，占里人认为自己生存的世界上有"人"和"鬼"两大系统，人分三六九等，鬼也有高低好坏之分。对付不同的鬼要用不同的方法，该抓就抓，该赶就赶，该求就求，具体的操作方法由鬼师决定。鬼师是沟通人鬼之间的桥梁。如果人要通过鬼师与鬼对话，就要靠占卜、祷祝来完成，或者由鬼师请贯公到场帮忙与鬼沟通。鬼一旦作祟害人，就需要鬼师来跟鬼协商，尽量满足鬼的要求，避免冲突，请它离去。这一方面反映了占里人对有超自然力量存在的相信，另一方面也反映了占里人追求与自身周边的环境和谐共处的文化特点。

在占里，提到鬼就不能不提到贯公。因为，据说贯公是能够沟通人鬼阴阳两界的桥梁。贯公的故事在占里广为流传。

传说在很久以前，有位孕妇整整怀了49年孕，胎儿还不肯降生出世。一天，这个孕妇爬上杨梅树摘杨梅，不幸从树上掉了下来。母腹中的胎儿以为母亲死了，就从母亲的肚子里出来了。他出来一看母亲并没有死，就又想钻回肚子里去，母亲坚决不答应。他对母亲说："只要让我在你的肚子里再待上一年，凑满五十年，我就可以长生不死，并成为统治天下的皇帝了。"母亲说："我怀你49年实在太辛苦了，你现在出来虽然不能成为皇帝，但是可以成为一个能预知将来的人。"这个孩子就是贯公。后来，这个叫贯公的孩子成了有名的预言家。占里人有句俗语："贯公的口，皇帝的心。"意思是主宰天下的皇帝要做什么，还在思索的时候，贯公就已经知道了。

贯公小的时候，世上人鬼不分。有一家人生有漂亮的两姐妹，姐姐叫鸟麻，妹妹叫鸟美。贯公看上鸟麻并娶她做老婆，但是结婚十几年没有孩子。贯公觉得很奇怪。有一个长年为贯公放牛的帮工吃了三年的稻米，怀孕生了一个孩子，取名叫雅常。雅常长大后读书而且做了官，回家来问妈妈："我的外公是谁呀？我要去看望他。"他的妈妈将事情的原委都给他讲了。雅常说："既然你给贯公放牛多年，那么贯公就是我的外公了。"

第二天，雅常就骑着马去看外公，路上看到一条雄竹叶青蛇与一条雌草花蛇在交尾。他想，你们俩在这儿拦住我的路。于是跳下马来准备踩死雄竹叶青蛇，却不慎将雌草花蛇的尾巴给踩断了。雌草花蛇跑去跟雄草花蛇说："白天我在路边晒太阳，雅常去外公家路过时将我的裙子踩断了。"雄草花蛇听后很生气地说："晚上我去贯公家把他咬死。"

贯公家的公鹅知道雅常来了，贯公一定会把它杀了款待雅常。它告诉母鹅说："雅常来了，我可能要被杀死给他们吃，你要管好咱们的孩子。我不能就这样死了，晚上待他们吃饭的时候，我要用翅膀尖卡住雅常的喉咙，并置他于死地。"晚上雅常到了贯公家，贯公准备杀鹅招待，雅常看见桶里有几条鱼就说："有鱼就行了，不用杀鹅了。"这样，鹅为了感谢不杀之恩，不吃鱼，读书人也忌吃鸡、鸭、鹅的翅膀。

雄草花蛇等候在火堂上方的炕上，准备咬死雅常。吃饭时，雅常把在路上遇到的事情讲给贯公听。这时躲藏在火炕上的蛇说话了："原来是我老婆不规矩，回来还骗我。你是好心人，我给你一样好东西，请用酒杯接好喝下去。"草花蛇从口中滴了一丝口水下来，刚要落在雅常的杯子里时，他怕脏把杯子收回去了，蛇的口水就掉到地下被猫舔了，所以猫在夜晚也能够看见路并行走如常。因此，人们忌讳猫血，杀猫只能溺死，不能见血。雄草花蛇的第二滴口水被雅常用杯子接到了，喝下去后眼睛顿时明亮了起来，看清了他的外婆乌麻原来是个鬼。

吃过饭后，雅常对贯公说："乌麻是一个女鬼。"贯公不相信。雅常说："你不相信？那我晚上把她的头骨取下来给你看。"当乌麻睡下后，雅常看见她原来是一具骨架。雅常就把乌麻的头骨取下并放在床头衣桶上，然后就和贯公到外面去玩了。回来后，贯公喊乌麻起来开门。乌麻说："雅常把我的梳子拿走了，我起不来床。"贯公就回答说："你的梳子就在床头衣桶上。"过了一会儿，听见了"格"的一声。门开了，贯公一看，乌麻依旧跟平常一模一样。第二天晚上，乌麻睡后，雅常用芦苇打火把，用网罩住贯公的头，两人到床边一看，发现乌麻是一具发霉的骨架。雅常就把乌麻的一只脚骨取下来，放在火塘边，然后就又和贯公出去玩了。回来时，贯公喊乌麻开门。乌麻回答说："雅常把我的鞋弄到哪里去了？"贯公说："在火塘边。"一会儿，又听见"格"的一声。门开了，乌麻又恢复成人样了。弄了几次之后，乌麻受不了了，她对贯公说："你已经知道我的身份了，我们不能生活在一起了。从今以后人鬼要分家，在分家之前我俩到坡上去走一趟吧！"

第二天，贯公和乌麻一同上坡去，乌麻每看见一株草就对贯公说，"这草好"或"那草不好"等等。贯公不理，只是记在心里。后人便因此得到了治鬼的药。乌麻几乎把所有的药草都告诉了贯公，唯有"芭蕉鸡"没有告诉他。贯公也告诉了乌麻许多草药，唯有"高山低山"没有告诉她。他们都各自留了一手。乌麻用"芭蕉鸡"盖住自己，从此人们再也看不见鬼了。贯公的"高山低山"（多少的意思）鬼也不知道，因此在驱鬼的时候可以做些手脚：用一个鸡蛋就可以代表一只鸡，一条鱼可以说成一百条，等等。因为贯公与乌麻生活了一段时间，跟乌麻学到了鬼的本事及驱鬼的方法，所以人们在祭祀、占卜、驱鬼的时候都要请贯公到场，贯公成了沟通人鬼的中间人和桥梁。

——摘自《鉴村侗族计划生育的社会机制与方法》

从这个故事中可以看出，最初人鬼不分，所有的动物都会说话，都具有灵性。在占里流传的很多故事中，老虎、蛇、牛、鹅等动物，都和人一样有思维和语言能力。因此，在占里人的认知体系中，万物都是一样的，人不是主宰者，而是作为客人生活在山林之中。这样的信仰体系，决定了占里人不会以改造的态度对待自然，而更可能采用顺应的态度。这样的态度有利于对生态环境的保护，从而达到一种"天人合一"的境界。

　　人死了之后会变成什么？我也没晓得。人死去后变鬼了，讲是那样讲，但是我没见过。故事里面讲，人死去就上河去了，到阴边（阴间）去了。阴边还有一条鬼路，人死了以后就走那一条路上天去。天上的鬼有阎王，就像我们世间的人有皇帝一样，鬼的皇帝就是阎王。人都在下面了，死去以后要走一条路，蛮远的，沿着河走，还有一个高高的坡，鬼还要爬上那个坡去。在那个半坡上还有个大坪，是给鬼玩乐的地方，所有的鬼都在那里集中。然后，再往上走，到阎王那里去报到。要是世间哪个没有小娃崽，就去土地公公那里拜托。土地公公就到阎王那里去请（求），阎王再分下来。人死以后都归阎王管了，阎王听到土地公公的请示，再一个一个地分下来。鬼也不愿意出阳间的，当鬼还好哇。在阴间，他们也搞娱乐，也蛮好的，个个都没愿来。阎王指定哪个，哪个就得下来。下来他又不愿意太久，就问阎王："让我去好久啊？""八十、九十？""太久了，不行。""六十、七十？""十岁行不行？两岁行不行？"阎王也没耐烦了："好，两岁，下去，快点！"下来之后，它就当别个的崽了，长到两岁就死去了。它只有两岁的命下来。到了阳间，人又怕死了，哪个爱死啊？各个都想尽量老点，七八九十岁。可是，在阴间它又没愿来，要求阎王给它定的短点。我们人生下来，都是阎王定好的时间。土地公是鬼，阎王也是鬼，神仙就是最好的鬼，凡是我们看不见的都是鬼。

　　　　　　　　　　——根据鬼师公阳海的讲述整理而成

　　在占里人的观念中，人死了之后变成鬼，要到阴间阎王那里去报到。阎王再按照人间的需求，让鬼到阳间来投胎转世。不管是阳间的人还是阴间的鬼，在数量上应该有一个相互之间的平衡：

如果阳间的人太多了，阴间的鬼就变少了；如果阴间的鬼太多了，阳间就没有什么人了。所以，保持一定人口数量，在占里当地的语境中就是保持阴间和阳间的平衡。

  我爸是鬼师，我平时也跟着他学了一些东西。至于我要不要做鬼师，还在考虑中。做鬼师也没有什么好处和报酬，就是为大家排忧解难。比如，你会搞鬼，有人因为被鬼害生病了，人家来找你，你不能不去。甚至，鬼要求的小鸡、小鸭、小狗，如果人家不敢杀，还要鬼师去杀。这样，等我们死了，在天上还要跟来阎王前面告状的那些小鸡、小鸭、小狗辩论，如果辩论输了，就要受到惩罚，下辈子变成小鸡、小鸭，让别人来杀。再有，我们经常跟鬼打交道，有的时候也可能得罪了鬼，让鬼不高兴了，就会被鬼早早地抓走（离开人世）。

——鬼师家族年青一代对鬼师工作的看法

  每一个即将成为鬼师的人必将经过一番心理上的挣扎：做鬼师，虽然是做善事，但基本上没有什么报酬不说，还有可能因为长期与鬼打交道而增加危险，甚至死后还要面临那些因救人而被奉献给鬼的生灵们的控诉。鬼师作为一个特殊的职业，虽然拥有一定的威信，但并未拥有任何的特权。虽然可以跟鬼沟通，了解很多鬼事，有的时候还懂得一些治病救人的草药知识，但是在日常生活中，鬼师依然是一个普通的劳动者，没有脱离生产活动。

  我们这里的人，还是很迷信的，大家都相信有鬼。你要问我信不信鬼，平时看不见摸不着的，自然也不相信了。可是，家里有人死了，肯定要请鬼师来的，就不能不信了；还有，你生病了，身上痛得厉害，吃药打针怎么也不好，就去找鬼师看，搞鬼以后就好了。这个时候，自然也就相信了。

——占里村民

> 我知道,我们村头那边有鬼,我自己一个人不敢去。什么鬼我也不知道,公葵花(占里的一位鬼师)知道。反正,我们都不去那边。以前我妈妈还碰见过鬼。没在我们村里,在坡上。我妈妈去离我们村很远的地方上坡,听到一间房子里有小孩子的哭声,就过去看。结果里面什么也没有。我妈妈也很害怕,就赶快离开了。
>
> ——占里小孩

占里的普通人大多因为没有亲眼见过鬼,而对鬼是否存在具有疑虑。但是,对鬼的敬畏之情绝不会打折:有亲属去世一定会找鬼师帮忙,久病不愈也要请鬼师抓鬼。虽然接受过现代教育的人不喜欢谈论鬼神,但是在他们的潜意识中还是相信有冥冥之力存在的。对鬼神的敬畏之心,使他们保持一种谦虚谨慎的态度;对自然的敬畏之心,使他们在对环境和资源的利用中不会涸泽而渔、焚林而猎;对鬼师的敬畏之心,使他们在日常的生活中循规蹈矩,不会轻易跨出秩序之门。

小 结

本章通过对占里的政治制度、宗族制度、年龄组制度和信仰体系展开一种铺陈式的介绍,围绕占里村寨中的秩序生活,以及这种结构形式对占里人口发展的影响,力图对当地人口控制思想的维系与村落秩序结构间的关系进行一番人类学式的理解。"象征功能是通过结构来完成的。"(列维-斯特劳斯,1989:40)为了方便用历史研究的方法来探讨占里的秩序结构与人口发展之间的关系,本章以一种静态的结构分析方法,呈现出了占里村民的有秩序的生活形态。

占里人的祖先自从迁居到此地之后,就一直生活在这片相对封闭的地域中:也许他们是不愿意与外界过多地交流(当地人语:

"外面的人都坏得很");也许他们是无法与外界频繁联系(未通公路之前,村里人去一趟县城要步行加坐船,花费相当长的时间);也许他们觉得没有必要与外界互通有无(占里基本属于一种自给自足的经济模式)。总之,在漫长的岁月中,占里基本上保持了一种稳定的村寨秩序结构。在这种稳定的社会环境中,作为文化机制的祖先们的生存经验往往可以长时间地保存和传承,例如,控制人口的思想,即作为占里祖先的"文化遗产"被一代一代地传承和执行。

在文化和社会稳定的前提下,传统知识足以应付当前的种种问题。因而,掌握传统并累积了大量解决问题的经验的长者就在社会生活中居于一个重要的位置。在占里的秩序体系中,体现出一种鲜明的长老统治特色:寨老、蒙高(族老)、允老和鬼师分别在政治、宗族、年龄族和信仰制度中占据统治地位。老人们以其年龄上的优势获得了权威,再用这种权威护卫传统的正统性。在这个过程中,人口得到了控制,生态环境得到了保护,社会文化得到了发展。缺乏现代政治体系的占里,从表面上看是一个无序的社会,实际上自有一套运行逻辑。在占里的权力结构中,虽然有着老人权威的存在,但是也有着民主的同意权力,是集中下的民主、民主上的集中,在此之外还有礼俗和教化,规约着社会的生存和发展。从这个意义上说,占里的人口控制思想并不是孤立的,在它的背后是整个村寨文化的支撑,特别是秩序体系的支撑。

可见,占里的人口控制文化与周边的生态环境之间是一种"位育"的关系。"位育"这一概念最早出自《中庸》,是儒家伦理的基本精神。就朱熹的解释而言,所谓"位育",指的就是"安所遂生",即万物应处在其应当的位置上或使万物处在一个合理的本来位置上,各在其位,各安其位。在这里也可以将"位"引申理解为"秩序",将"育"引申理解为"发展"。所以,儒家讲的"位育",从根本上来说,指的是要遵循事物的客观本性、顺其自然的本然状态求其发展(张舜清,2009:1~5)。潘光旦先生在解释"位育"概念时指出:"位育是一切有机与超有机物体的企求。位育是两方面的事,环境是一事,物体又是一事,位育就等于二事间的一个协调。"(潘光旦,1997c:36)在分析先民对付长江黄河水患之案例时,潘光旦先生提出"位育"可分为三种:一是消极的,即由生物迁就环境;二是半消极半积极的,即由生物选择环境中不同部分加以迁就;三是积极的,即由生物转移环境或改变环境(潘光旦,1995a:33)。

我认为,占里人与环境之间的关系就是一种积极的"位育"。潘先生分析水患与人之间关系的时候指出,水来了人就暂时躲开,水去了人再退回去,没衣服穿就冷一点儿,没粮食吃就饿一点儿,无论怎样都舍不得放弃,这是人对环境的一种消极的适应;因为躲避水患而迁移到别处去,比如东北三省等,对环境拣选的位育是半消极半积极的;而通过治理黄河,甚至筑堤防水,宣泄多余的水,使环境适宜人的居住是一种积极的位育。通过历史来看,第一种情况最多,第二种少些,第三种最少(潘光旦,1995a:33)。占里因为环境贫瘠,无法抚育更多的人口。但是,占里人并没有一味地迁就环境,或者逃避环境,而是通过自身的努力,通过各种秩序结构,在最大限度利用环境资源的同时,与周边生态和谐共处,呈现出一种积极的态度。恰如潘光旦先生所言:"世间没有能把环境完全征服的物体,也没有完全迁就环境的物体,所以结果总是一个协调,不过彼此的让步的境地有大小罢了。"(潘光旦,1997c:36)有限的资源环境限制占里人口数量的发展,迫使其不得不为了适应环境而节制生育;而生存在其中的占里人,充分发挥其主观能动性,驾驭自然与文化的势力,在人口质的方面,使其发挥优生的选择作用,"量和质两方面都有了办法,民族生活里秩序的维持与进步的取得,即民族的安所与遂生,都是必然的结果"(潘光旦,1995b:50)。

第六章
以礼而治：文化习俗

礼是社会公认合式的行为规范。合于礼就是说这些行为是做得对的，对就是合式的意思。维持礼这种规范的是传统。传统是社会累积的经验。行为规范的目的是配合人们的行为以完成社会的任务。这套方法并不是由每个人自行设计的，或是临时凑集了若干人加以规划的；而是一代一代累积出来的可以帮助人们生活的方法（费孝通，1985：50）。文化就是这样帮助人们生活的传统。

占里是一个人们生于斯、长于斯、死于斯的社会，不仅人口流动性很小，而且人们所获取资源的土地也很少变动。占里人遇到的不过是四季的变迁，而不是时代的变更，甚至"不知有汉，无论魏晋"。生活在代代如是的环境中，人们更加相信祖辈流传下来的经验，相信前人用来解决问题的方案。"愈是经过前代生活中证明有效的，也愈值得保守。"（费孝通，1985：51）本章通过描述占里的传统习俗文化，分析其在解决人口与环境问题中的积极作用，说明在占里能够长期执行计划生育、自觉控制人口不是偶然的现象。

第一节　婚姻制度

婚姻作为得到一定社会文化认可的两性结合，具有特定的社会功能：经济互助、繁育后代、稳定社会、增进团结等。占里侗族婚姻的缔结形式主要是自由恋爱，同时也有依父母之命、媒妁之言的情况。

一　寨内婚

内婚制又称为族内婚，指在一定的血缘或等级范围内选择配偶的婚姻规则（陈国强等，2002：31）。占里实行寨内婚，只允许在本村寨范围内选择配偶，按照占里人的说法就是：本寨男不娶外寨女，本寨女不嫁外寨男。不过这也并不是绝对的，我在占里调查的时候，曾特意就此问题询问过村民，结果得知村内就有几个来自付中（苗寨）的媳妇，也有嫁到黎平的姑娘。虽然大家口头上不会说什么，但都暗暗在心中瞧不起这样的人家，更是耻于跟这样的人家结交。所以，尽管没有明文规定，但是与外寨开亲的人家是比较罕见的，且多是因为家庭贫穷或是本人有身体上的缺陷而难以在本寨找到合适对象的人才会到外寨去寻觅对象。可见，占里的寨内婚虽然并非是一条成文的寨规款约，但是作为约定俗成的习惯，在人们选择婚姻的另一半时，具有很强的约束力。

在过去，占里由于交通不便，与外界相互隔绝，再加上周围的村寨由于种种原因而"妖魔化"占里，青年人要与外界的异性交往甚至结婚本来就很不容易。同时，独特的生育习俗又使占里在文化上具有鲜明的特征，村里的年轻人从小接受这种文化的熏陶，与外界的观念有些格格不入。据当地人讲，占里由于实行计划生育控制人口，所以田多米多，相对比较富裕；而周边的村寨人多田少，生活比占里要差很多，而且大家风俗不一样，多生孩子负担重，很难生活在一处；此外，占里实行的是男孩继承水田、房屋等不动产，女孩除了继承银子、布匹等动产之外，还会从妈妈那里继承棉花地，如果娶了外面的媳妇，那么这一家就会没有棉花地，这会给生活带来很多不便；而且，占里习惯上由母亲照顾生产的女儿，婆婆一般不插手，如果女儿嫁得远，就会缺少母亲的关照，这也是姑娘们不愿意外嫁的原因。正是以上原因，使占里长期以来实行寨内婚，不过这只是一种习惯做法，并没有强制效力。

到了现代，占里对外的交通比以前方便多了，村民与外面的交流也不断增强，因为打工或上学而走出大山的青年人越来越多，与外界异性交往的机会也大大增加。很多外出打工的占里小伙子就告诉我自己在外面有女朋友，虽然未来的发展谁也不能预料，但是相信未来与寨外通婚的占里人还将不断出现。

> 你知道吗？我在外面（打工的地方）有个女朋友呢，长得很漂亮的。她不是我们这里的，也不是我们从江的，是汉族，我在打工的时候认识的。她人挺好的，我想跟她一起（生活）。等过了年，我就出去打工，到时候我就去找她，要是家里不同意我们就不回来了。
>
> ——一位在外打工多年的占里青年

虽然有些年轻人的思想发生了一些变化，但是占里的大部分人，尤其是中老年人还固守着寨内婚的观念。

> 我是在外面（县城）读的初中，也去过（广东）东莞打工。我觉得还是我们村里的姑娘好。我没有想过找外面的（姑娘），因为我们习惯不一样。我也不想在外面生活，我觉得还是我们村里的生活好。外面坏人很多，也有欺负我们的。所以，等过两年打工赚够了钱，我就回来（务农），不再出去了。
>
> ——一位初中毕业后在外打工一年的少年

> 我以前在外面打工的时候，也有个女朋友，是别的省的。我们感情很好的，不过我家里人一直都不同意，还给我在村

里订了婚。订婚的时候我不在家，结婚的时候还是我一个朋友代我去领的证。一直到我家里给我打电话，我都不知道我结婚了。（现在的老婆）人挺好的，也勤快，孩子也有了，就这样吧。

——占里一位已经结婚的青年

不找村里的人当然不好了，只有在村里找不到（对象）的人才会出去找，还会被人家看不起的。要是我的姑娘找了外面的，我肯定不同意。嫁出去就远了，可怜哦！（要是姑娘有什么事情,）帮也帮不上呢！

——占里的一位老婆婆

可见，"寨内婚"虽然没有强制的约束性，但是它在占里人生活中的影响力仍然是不容低估的，尤其是对握有子女婚姻大权的父母来说。因此我认为，在将来很长一段时期里，占里人的主要通婚圈还是会保持现在这个状况。

二 家族外婚

外婚是一种婚姻规则，即只能在本氏族之外选择配偶的婚姻形式，外婚制与内婚制相互关联，从家族来说是外婚制，从村寨来说则是内婚制。中国宗法礼数下的"同姓不婚"是族外婚制的残余。实行外婚制的目的在于排除血亲通婚，它的出现有利于人类的繁衍，是人类婚姻史上的一个大的进步（陈国强等，2002：41）。占里目前有五个家族（兜），婚姻的缔结只能在这五个家族之间进行。当然，占里的同一家族内部并一定不具有血缘关系。虽然占里人普遍采用"吴"姓，并在传说中将五个家族的祖先虚拟为五个同胞的兄弟，但这种兄弟关系应该是为了在早期的村寨建设中同心协力而拟制的血缘关系，更何况现在占里的五兜之中还有石、黄、杨、贾、孟、伍、潘、高、彭、蒋十个小姓的存在。

这些小姓都是后来才迁入占里的，迁入后依附于某一兜，与兜内同一辈分的男女互为兄弟姐妹，形成一种拟制的血缘关系。不过，由于迁入的时间比较短，这些小姓并未完全融入吴姓中，还保留自己的姓氏。占里的吴姓家族也认为这些小姓跟他们虽属同一兜，但并非同一祖先，也不需要遵守族外婚的规则。

> 我们吴家的都是找吴家的，要是跟别个开亲，我们自己的地位也会降低，而且还会被人看不起。要是我们跟我们村那些不姓吴的人结婚，好比我要是找一个杨家的，那也不用看她是哪个兜的，只要我们两个人愿意就可以了。他们（小姓）是外面迁进来的，本来就不是我们村的人，不必遵守（寨内兜外婚制）。要是我们吴家的人，那是肯定不行的。（跟谁家能开亲、不能开亲）这些事情，老人家给我们定亲的时候都会看好的，不用我们担心的。
>
> ——占里青年

作为一个仅仅拥有 160 户 700 人左右的村寨长期实行寨内婚，尽管是家族外通婚，但是几代下来村里的人与人之间多多少少都会有一些亲缘关系，这样会不会造成近亲结婚呢？针对这个问题，我询问了村里的人。

> 虽然我们是兜与兜之间相互开亲，但也不是任意两个人都可以的，必须是三代以内没有（血缘）关系的。因为（血缘）关系太近，可能生下来的小娃娃不太好，有的还（可能）没有小娃娃。太可怜了！
>
> ——占里老人

可见，占里的寨内兜外婚制在优生优育的前提下，严格防范三代以内的血亲联姻。占里人对人口的控制，不仅体现在数量上，还体现在质量上对人口素质的把握。

三 闹姑娘和行歌坐月

占里有"闹姑娘"的传统习俗,即某家的几个小伙子一齐到非本家族姑娘家的吊脚楼里聊天或者唱歌,用歌声倾诉爱慕之情;聚居在这家吊脚楼的几个姑娘则一边做针线,一边听小伙子们弹牛腿琴①唱歌,有时候还会用歌声回应。

在占里,孩子们在七岁左右就会男女分开,跟从专门教授传统知识和歌唱技能的歌师学习。无论男女,只要参加过每年八月初一举行的成年仪式后,就可以参与"闹姑娘"了。女孩子们为了便于学习唱歌,从年龄很小的时候就不住在自己的家里,成年以后也基本不参与本家的农业劳动。年龄相近的3至10个小姑娘,不论辈分,只要意气相投就可以相约共同居住在其中一个年龄较大的姑娘家的吊脚楼里。这座吊脚楼一般都会成为她们后来被"闹姑娘"的场所。这样的场所,在占里整个村寨里有很多。

男孩子们则从小跟从父辈上山从事农业劳动。成年以后,作为家里主要的劳动力,白天要进行田间劳作;晚上,特别是农闲时节的晚上,平时交情不错的小伙子们,三五成群,手持琵琶或牛腿琴等乐器到姑娘们聚居的吊脚楼里,以歌声相互问答,交流感情。一群小伙子一晚上的时间可以访问好几个这样的吊脚楼。乍看上去,似乎小伙子拥有访问不同场所的姑娘的权利,而姑娘们则只能够在特定的场所中等待,而实际上姑娘们也有拒绝小伙子进入楼中的权利。如果小伙子们的歌声不动听,不能打动女孩子们的心,吊脚楼的门是无论如何也不会打开的。所以,去"闹姑娘"的小伙子总喜欢带上一个唱歌高手,专门负责喊门,而这样有经验的高手,则大多已经结婚。在占里,"闹姑娘"作为一项娱乐习俗,更多的是作为一个恋爱准备阶段,并不禁止已婚人士

---

① 当地一种乐器,因形似牛腿而被当地人称为"牛腿琴",具体学名不详。

的参与，当然，生过孩子的女性除外。

糯禾快要成熟，又还没有成熟的时候，也就是说长出了新米，又还不到收获的时候，晚上我们闹姑娘都会去"边米"。就是把长出的禾穗摘下来，拿回家吃。那种米是很香的。边米一定要晚上去。闹姑娘的时候，如果有人提议要去，我们就去。一般都是男人带着女人到自己家的田里去，没有到姑娘家的田里去的。一般都是在晚上十一二点左右，也有人吃完之后还想要的，那就再去田里摘，也有搞到晚上两三点的。

——占里青年男性

我们这里"闹姑娘"不分年龄的。只要你歌唱得好，人长得精神，姑娘愿意跟你坐（在一起），就算你是当了公（爷爷），也可以去。以前我们这里的男孩子都要跟人家学唱歌和对歌。你要是不会唱歌，或者对的歌不合姑娘的心意，人家怎么会给你开门呢？现在啊，别个去"闹姑娘"，都用手机发信息，见了面也不唱歌了，多是凑在一起打牌；要不干脆也不去姑娘家了，就是直接打电话聊天，唉（惋惜地叹了一口气）……一点都不好玩了！

——占里中年男性

通过"闹姑娘"这种经常性的接触交往，男女之间倾吐爱意、增进了解，比较容易产生爱情。确立了恋人关系的青年男女，一般会脱离其他人，单独在月夜下散步，倾诉心声，吐露真情，直到东方泛白才会返回家中。所以，这样的恋爱形式，也被称为"行歌坐月"。在占里，年轻人的恋爱关系充满不确定性。不论男女，都可能同时拥有几个交往的对象。通过频繁与不同类型的对象交往，反复比较，最终才能确定结婚的对象。这样结成的夫妻，在未来的生活中,一般很少产生矛盾或者离婚等问题。

如果男女双方情投意合,希望缔结姻缘,则由男方请媒人上女方家提亲,女方父母认可后就定下婚姻关系。定亲三年后才能结婚。在定亲期间,男女双方仍是自由之身,仍然可以参与"闹姑娘"。如果遇到更好的意中人,还可以毁掉婚约,另行定亲。

在我们寨子上,订婚就是男方家叫人到女方家询问意见,问人家父母同不同意(把女儿嫁过去)啊。订婚的男女本人是不见面的。其实,我们这里婚姻大事还是由父母做主的,当然也会问问孩子的意见。我们这里订婚后又反悔要罚银子的,4两4。(要是当事人跑了怎么办?)跑?往哪里跑啊?再跑你的家不是还在这里吗?总要回来吧!再说了,家在村里,父母也在村里,要是人真的跑了,也会有管事老人来跟他(她)父母要银子的。不过,要是孩子真的不同意,父母也不会随便就答应的,总要先听听孩子的意见吧!

我们寨子上的龙娇和陪内昨天订婚,这两个人现在都不在家,一个在凯里,一个在广东。家里人就打个电话过去问问,你是不是同意啊?那肯定同意的啊!从昨天开始,这两家都摆了两天的酒了,请全村的人去喝酒,从早到晚,每天光牛肉都要十几斤呢!以前订婚杀一只鸭,现在一头牛都不够呢!昨天我们去女方家喝酒,今天去男方家,明天是这两家一起请村里的老人们喝酒。说是这样说,其实,这两天两家都摆酒,随便你去哪一家都可以。(为什么请全村的人啊?)就是告诉大家啊,我们两家订婚了,哪边也不能反悔了。过个几年,这两个人就可以结婚了。在我们这里,不订婚是不能结婚的,哪怕你订婚后一个月就结婚,也得先订婚才可以。

——占里两位村民的讲述

从上面的两段叙述中可以看出,占里人的订婚有三个特点:

一是表面由父母做主，但当事人的意见也得到充分尊重；二是虽然订婚后男女行为与之前相比变化不大，但是随便反悔还是要受到惩罚（罚银4两4）的；三是订婚是一项花费巨大的活动，丝毫不逊于结婚。可见，在占里，订婚虽然不具有婚姻效力，但是依然有一定的限制性，这种限制性是与巨额的花费联系在一起的。

四　结婚

经过长时间的相互接触和确定感情以后，男女双方就可以筹备婚礼了。自古以来，占里就一直实行一种"集体婚礼"。据说，祖先规定：每年农历腊月二十六日为结婚日，其余时间不能结婚。婚礼也并不是每年都有，有时候连续几年都没有新人结婚。

结婚办酒只能杀牛不能宰猪。歌师给我讲过这样一个故事：

> 从前我们村里有拔黑和金丁兄弟两个。有一天，这两兄弟去河边放牛，发现了一条龙。这条龙被坏人下毒，快要死了。金丁救了这条龙，并把它放回井里。后来，这条龙变成了一个女孩子。你想啊，一个女孩子，什么都没有，无以为报，于是龙女就决定嫁给金丁，作为对金丁救命之恩的报答。要举行婚礼就要请全村人来吃饭，可是那个时候，拔黑和金丁兄弟俩的家里根本没有猪，只有牛和羊。怎么办呢？拔黑就想了一个办法：在大家来参加婚礼的时候，当众宣布，结婚的时候不能吃猪肉，也不能把猪肉当成礼物送人，否则就是心不诚，婚事不会成，家庭也不和睦。于是，从那以后，我们占里人结婚的时候都只用牛、羊、鸡、鸭，不用猪了。

对于文化中禁食猪肉的原因，马文·哈里斯从生态环境的角度进行了分析：猪主要依赖树林与绿草成茵的河畔生态环境而生存。尽管猪以杂物为主食，但是要想增加猪的体重，就必须喂以纤维含量低的饲料，如坚果、果实、块茎，特别是粮食。这样一来，猪就成了人类的直接竞争者。如此来看，禁食猪肉无疑成为一个合乎情理的适应生态环境的战略（哈里斯，1990：36~38）。占里虽非禁食猪肉，但是在一般性的仪式场合，除了祭祀祖先之外，很少使用猪肉；在日常生活中，人们也比较少吃猪肉，占里人对此的解释是："猪肉不好吃；牛肉的油比较多，比较香，吃了牛肉才有力气上坡做活路。"

农历腊月二十五日晚上，新郎和伴郎手提马灯来到新娘家喊门。先把新娘接到叔伯家歇脚住一晚，天快亮时再将新娘接到新郎家。进门后，由鬼师用罗盘选定方位让新娘坐于火塘边的新凳子上，用三条鲜鱼放于醋拌青菜的碗里祭祖，同时由鬼师吟唱人类起源和建寨经过，并说出祝福新郎新娘白头偕老的"斗煞"词。随后，新娘方与夫家人见面。

第二天（腊月二十六日）早上，两个少女及接亲的队伍再把新娘送回娘家。两个少女一前一后，新娘居中，新郎的好友挑着3条腌鱼和20斤左右的牛肉走在最后。在新娘家吃罢饭，由新郎的好友扛着新娘的陪嫁，按原次序再一次接到新郎家。然后，新娘向新郎父母敬酒。晚上，新郎新娘向前来祝贺的亲朋好友逐一敬酒以示谢意。由于多对新人同时举行婚礼，因此这一天全寨都沉浸在浓浓的婚宴氛围中。

五　不落夫家

婚礼当天（腊月二十六日），新婚夫妇并不同房，新娘多在第二天（腊月二十七日）一大早，在新郎家做一些简单的家务，如挑水等，以示成为家中的一员，随后即返回娘家。之后，逢年过节或者丈夫家中有大事发生时，才会由夫家派人去接回新娘，并与新郎同房。但次日或事后即刻返回娘家，如此反复，直到怀孕生下第一个孩子后，妻子才开始长住夫家。

在不落夫家期间，新娘并不参加与夫家有关的一切家务劳动，也不参加与娘家有关的家务劳动，仍可像做姑娘时那样参与"闹姑娘"甚至是"行歌坐月",新郎也可以同朋友一齐去拜访其他女子的吊脚楼。这在占里是比较普遍的,也是为大家理解的。

在占里,不落夫家的时间因人而异,长短不一,一二年至四五年甚至十余年的均有。无论时间是长还是短,不落夫家均终止于第一个孩子的出生。我在占里调查的时候,住在隔壁的一家中正好有一个"不落夫家"的姑娘。据村民讲述,因为这个姑娘的水田尚在父母的手中,所以她还要在家吃饭。等过几年她生了孩子,娘家就会把属于她的那一份水田转给她的夫家。到那时候,她就可以去夫家吃饭了。我在调查的那段时间,从来没有在她家碰见过她的丈夫,也没有看见她去自己的夫家。如果不是一开始就被告知她已经结婚了,我会认为她就是一个还未出嫁的姑娘。

我认为,在占里"不落夫家"流行并至今依然存在的原因,主要是基于以下三个方面。

首先,不落夫家是占里女性为延长自由恋爱的时间而采取的一种策略。占里女性未受封建礼教的束缚和影响,相对于同一时期其他地区汉族女性"媒妁之言"和"父母包办"的婚姻形式而言,她们在婚姻中享有更多的自主权。对于擅长歌唱的占里侗族女性来说,对歌择偶、自由恋爱是她们最重要的缔结婚姻渠道。山间月下,少女们围坐刺绣,一边倾听对方悦耳的歌声,一边以歌声表达自己的心情,并在一个个造访吊脚楼的小伙子中寻找自己的意中人。一旦两厢属意,则携手共游于夜色中,交换信物,结下白首之盟。这些对于终年苦劳而又缺乏其他娱乐社交活动的占里女性而言,具有的诱惑力不言而喻。尽管占里人对这种男女交际持一种比较开放的态度,但也不是毫无限制。对于女子而言,一般只有在未婚或已婚但未生育子女时才可以参加。如果有了孩子,且不说平日劳作和照顾子女的辛劳,就算是社会舆论也不允许。而在婚后尚未正式长住夫家之前,按照习俗,已婚女子也同样享有前述那些社交自由的权利。因此,毫无疑问,占里女性希望并会设法延续不落夫家的时间。

其次，占里女性不愿意过早地承受家务和劳作之苦。占里女子在未结婚之前，基本上不参与娘家的家务劳动，父母也不会强迫女儿跟随自己去田间劳作。十几岁的女孩子，甚至常年不在自己的家里居住，只有在饥饿的时候，才会回到家中，随便找一些食物果腹。这些女孩子，白天和同龄的女孩子四处游玩、在山中纵声高歌，晚上则聚在一些年龄较大的女孩（有一些甚至是正在不落夫家期间的已婚女子）家中，跟从家里的大人学习刺绣、制衣技巧，等待男孩子的造访。而女性一旦有了孩子、长住夫家之后，这种悠闲的生活也就随之结束。作为一个妻子和母亲，不仅要管理家务，筹措一家大小的吃喝穿用，还要经常跟随丈夫到田间参与农业劳动，每天从早到晚，不得空闲。因此，占里人总是说，一旦生了孩子，做了父母，自己就老了。可想而知，一个已婚女子，无论如何也是不愿意过早挑起这副重担，让自己加速衰老的，而不落夫家可使她们得以拖延此重担压上肩头的时间，何乐而不为？

最后，还有一个客观原因促成了不落夫家的长期存在，即侗族一直以来即有早婚①的传统。在占里，大约十二岁以后的男女就可以参加"闹姑娘"了，也就是到了可以谈恋爱的年龄了。十五六岁定亲结婚的现象非常普遍。而这个时候的女性，无论是在生理上还是在心理上，都还不足以担起家庭生活重担。让这样一个还不太懂事甚至身体都还未发育完全的小姑娘去承担家庭生活的重担，生儿育女、为妻为母，其结果可想而知。因此，既然早婚已是普遍的现象，那么就以婚后"不落夫家"加以弥补：规定结婚后到长住夫家必须有一个"缓冲期"或"过渡期"。而这个"过渡期"或"缓冲期"，就是给还未成熟的女性足够的生理、心

---

① 这里的早婚指的是仪式性婚姻而非实质性婚姻。在占里，大家一般认为只有生育第一个孩子之后，才开始真正的婚姻关系：夫妻双方具有维护家庭的责任和义务。在此之前，无论男女，即便是举行过结婚仪式，也都在男女交际上享有充分的自由。

理准备期。这一时期是已婚青年女性转换角色的准备时期,她们不得不认真训练自己;母亲为了女儿的将来,也不得不深入细致、不厌其烦地训练她们。因此,占里女性婚后一段时期"不落夫家",是为了严格训练已婚女性具备优秀品质与治家本领所做出的又一选择。

不论占里实行不落夫家的真正原因为何,长期不在夫家居住的一个直接后果都是提高了妇女的初育年龄:占里"妇女平均生育年龄为23岁以上,30岁左右生育子女在全村绝非个别现象"(杨军昌,2001:62~68)。而初育年龄的提高也在客观上减少了妇女的终身生育数量,为占里执行计划生育、控制人口提供了保障。

六 离婚与再嫁

按照占里人的说法,占里的家庭是很稳固的,很少产生离婚的现象。占里人曾多次跟我谈论起寨规中关于婚姻方面的规定:

1. 订婚后又不相爱,不管男女,罚银4两4。
2. 讲成婚后,谁反悔退婚,罚银2两2。
3. 结婚后离婚,罚银8两8。
4. 结婚后有小孩离婚,罚银12两。
5. 破坏他人家庭,强占别人老婆者,如果结婚未有小孩,按刚结婚又离婚罚款数加倍处罚;如果有小孩,按结婚后有小孩离婚数额加倍处罚。

可见,占里人对影响婚姻家庭关系行为的处罚力度很大。但是,虽然婚前有长时间的感情培养,婚后离异的现象也是难以避免的,不过只限于没有孩子的情况,一旦生育后,离婚就很罕见了。

有了孩子怎么可能离婚呢？你离婚了，孩子怎么办呢？好可怜。我们乡下人，讲什么感情的？要过日子的。再说了，谈离婚的人，在村子里丢脸死了。整个家里的人都被人家看不起，自己也不好意思出去跟别人一起玩。在我们这里，离婚的罚款是很重的，订婚反悔4两4，离婚8两8，有了孩子离婚罚银12两。12两你知道是多少钱吗？（三千多吧?）嗯，就是啊，不想被罚钱，就好好过日子吧！

——一位占里男性对离婚的看法

婚后生育子女而丧偶的习惯上被允许再娶或再嫁，但不多见。在占里调查期间，我曾到过几个寡妇和鳏夫的家，他们寡居时间长的十几年，短的三两年，独自抚养孩子，都没有想过再嫁、再娶。当地传统认为，"一树不二春，一人不二带"，即一棵树一年内不可能发两次芽，一个人也不可能嫁两次带两家孩子；后娶（嫁）的也很难保证能对前面的孩子好，所以再难也要自己抚养孩子。我在占里调查时从女房东那里得知，有孩子的人之所以不再婚是因为"恐怕后面来的不会可怜（怜惜、爱护）前面的孩子，所以宁可自己累点，也不能苦着孩子"。这一传统在客观上、舆论上都禁止了人们再婚，同时也就禁止了多生多育的现象。

第二节　生育制度

一　求子

怀孕生子，在占里人看来是人生中极其自然的事情，如果在结婚几年之后还没有怀孕的迹象，就要采取一定的措施。在占里，求子主要途径就是到村后山上找阴桥鬼或土地公公祈求和拜祭。

阴桥鬼住在阴间一个叫八旷引助①的地方，离这里很远很远，具体地方我们也搞不清楚。如果别个需要帮助的话，就去八旷引助请它来。比方说，（村里）别个没得崽，就带几块圆圆的岩石去山上，搞得干干净净的，让来来往往的人去坐、休息，（这就是）求阴功。然后，就可以请阴桥鬼过来保佑（让他快点有孩子）。因为鬼是不用走路的，它们能够在天空中飞来飞去，所以我们请它的时候，不用真的到八旷引助这个地方，我们也不晓得这个地方在哪里，只需要用嘴巴讲："八旷引助的阴桥鬼，你来啊，我们要你过来帮我们的忙啊！"你一讲，它听到了就自然会过来。如果后来别个真的有崽来了，还要去那里还菩萨：拿一只鸭到求阴功的石头那里去杀；砍树枝，用白纸在上面扎出两个圆圆的纸花花，拿到树兜兜那里去捆。

　　求子也可以去找土地公公。土地公公的庙就在后面山上。如果谁家缺少小娃崽，就可以去求土地公公给他（她）一个崽。土地公公听到以后，就到阎王那里去回报，阳间有哪家需要小娃崽了。所有的鬼都归阎王管，阎王把它们一个一个地分配到阳间（投胎）做别人家的小娃崽。鬼也都不愿意到阳间来啊，它们在阴间也蛮好的，都不想到阳间再受罪，就跟阎王要求定它的寿数两年、十年，反正越少越好。阎王被烦恼了，直接就按鬼要求的寿数定，（只求）让鬼快点去（投胎）。如果跟土地公公求了小娃崽，（那么）有了崽之后就要去谢土地公公。如果你（当初）讲的是公鸡，你就拿一只公鸡去谢他；如果你（当初）答应猪脑壳，崽崽来了，你就拿一副猪脑壳去谢他——在庙前面立个竹竿竿，把剩下的猪下巴挂在上面。（反正）不管是什么，你讲到就要办到。

　　　　——根据寨老公阳海关于求子习俗的讲述整理
　　　　而成，其中保留了讲述者的大部分用词和表达方式

---

① 侗语记汉字。

二 生育

占里人认为，对于新生命的到来，不论是家人还是朋友都应给予尽可能的照顾。妇女一旦怀孕就不再从事繁重的生产劳动，也不能再出入公共场合，其丈夫也不能参加大型的集体娱乐活动。这是因为婴儿的灵魂依附在父母的身上，如果他们外出会使婴儿的灵魂受到惊吓而离开。这种说法与其说是灵魂观念的作用，不如说是孕妇的实际需要。现代医学研究也证明了孕妇在怀孕期间不宜从事剧烈活动，而丈夫不宜外出，是为了方便照顾孕妇。由此看来，占里人自有一套优生观念与传统，并与现代医学不谋而合。

占里有不落夫家的习俗，但女子怀孕后就不再参加"闹姑娘"和"行歌坐月"的活动。因此，女子初次怀孕不仅是夫家的大事，也是娘家的大事。占里有母亲照顾怀孕女儿的习俗，所以，直到分娩，孕妇一直住在娘家。在孕产期，还有很多的禁忌。例如，斗牛时，禁忌孕妇从牛王的前面经过，也不能走在牛王的前面；上坡打猎，忌讳看到孕妇；妻子怀孕，丈夫忌给别人抬丧，否则会伤元气，影响胎儿正常生长；等等。若不慎犯忌，要请鬼师作法，以求安宁。

怀胎十月，一朝分娩。婴儿出生时，一般是由寨内的药师或手脚灵巧的老年妇女接生，现在也有的人到乡里或县城的医院由专门的妇科医生接生。据村里的卫生员说，虽然乡里和县里一直在宣传新法接生，鼓励人们到正规医院生产，[①] 但是由于占里交通不便，人们的思想也比较保守，在家生产的孕妇仍然占绝大多数。虽然村里有卫生室，但是由于条件有限，尚不具备接生的能力。产妇一旦发生难产，虽然村卫生室可以紧急联系县医院派遣急救

[①] 为了鼓励人们在正规医院生产，高增乡和从江县规定：凡是在医院出生的孩子可直接、免费办理户口登记手续，而在家出生的孩子在上户口时要缴纳500元手续费。但占里人宁可缴纳那500元的手续费，也不愿意去医院生孩子。

车,但这仍然是一件非常危险的事情。

为产妇接生及在场帮忙的人都会得到婴儿家的3条腌鱼作为酬谢。婴儿出生当天,年纪大的女亲戚得到消息后手提鸭、蛋等来祝贺,同样也会得到婴儿家的3条腌鱼。如果婴儿出生时父亲不在家,那么他回来时就不能从正门进屋,而是要从窗子爬进来,造成父亲在家的假象。当地人认为,婴儿降生时父亲要在场,否则婴儿会伤心,发育不好,影响身体健康,甚至死亡。这与其说是婴儿的需要,不如说是产妇的实际需要。

婴儿降生后,主家要在门上打一个草标以谢绝宾客来访,免得生人惊动孩子的灵魂。婴儿家的人也不能到别人家去做客,怕把生人的灵魂带到家里来干扰婴儿。这里包括了一系列优生学及产期保健知识在里面,借用神灵观念的掩护,更增强了占里人对其的认可度和支持度。

三 "过三天"

占里的生育习俗中最重要的就是"过三天"。过三天并非特指在婴儿出生三天时,而是在出生后第三、五、七天均可举行的一个庆贺仪式,目的一是对新生儿表示祝福,二是表示新生儿已经获得了社会认可。

仪式举行当天的清晨,主家请房族中的两位老妇人为婴儿洗身换衣,衣服由老年妇女用旧衣服改成适合的大小。然后在自家堂屋设案备酒祭祀祖先,祈求保佑,祝福婴儿健康成长、一世平安。之后,宴请前来参加庆贺活动的亲朋好友,来者以妇女居多,所送的礼物主要是糯米等。过去"过三天"需要杀一头猪和一条狗,现在则要杀牛,请全村的人来家里吃饭。

酒足饭饱后,大家开始为婴儿唱祝福的歌曲,盛赞小宝宝聪明漂亮,祝愿孩子茁壮成长。有的人还会趁机开玩笑式的给自己的孩子定下"娃娃亲"。在座的一些老人还会念许多祷词,以祈求神灵的护佑。

四 药师与换花草

占里的生育习俗中最重要的一点就是执行计划生育、自觉控制人口。这也是占里最有分量的寨规款约"六条"中最核心的部分。占里人对计划生育这一条款的认识非常深刻,总会讲:"这是我们祖先留下来的。如果不执行,会被人瞧不起,还会被赶出去。"有位老人曾经对我说:

> 祖先定下这个规矩,就是怕我们占里人口越来越多,最后住不下,没得粮食吃,还要走早前祖先们四处逃难的老路。

相传占里的祖先曾经生活在广西梧州,后来因为田土有限,无法养活不断增加的人口,不得不背井离乡,沿都柳江而上,寻找新的落脚点,几经颠沛流离,终于来到占里这片土地。定居之后,由于山高林密,风调雨顺,土地肥沃,人口繁衍非常迅速,没过多少代就出现了古歌里唱到的情形:

> 人丁实在兴旺……人口连年发展。父亲这一辈,人满院坝闹嚷嚷;儿子这一辈,人口增添满村庄。姑娘挤满了坪子,后生挤满了里巷。地少人多难养活,日子越过越艰难。树丫吃完了,树根也嚼光。[①]

人口的增多也促使人与人之间产生矛盾,淳朴的民风不再;最重要的是,可供开发的土地已经全部开发完了,人们逐渐感到粮食不够吃,生活难以维持。这些因素促使占里人对人口与资源的关系进行新的思考,他们想到祖先们因为人多地少而被迫离开

---

① 《侗族祖先哪里来?》,贵州旅游在线,http://www.gz-travel.net/zhuanti/rongjiang/shige/200612/3318.html,最后访问日期:2010 年 12 月 28 日。

家园，想到迁徙的途中充满苦难，实在不愿意重复祖先们所经历过的一切；但是资源毕竟是有限的，无法承载更多的人口，人们从日常生活中得到朴素的人口理念："人会生崽，地不会生崽；一棵树上只能歇一窝雀，多了一窝就挨饿……"从清朝中期开始，在寨老八宾和那云的提议下，占里人开始执行计划生育，自觉控制人口：一对夫妇只能生育一男一女两个孩子。人们都知道，数量上的控制也许通过努力可以做到，性别上的控制却很难。那么占里人是怎么做到这一点的呢？据说这与当地一种叫作换花草的草药有关。

关于用草药可以改变胎儿性别的说法，在侗族的其他地区也存在，在其他民族中也有过，有的甚至还记载在"药典"或"医药经典"上，效果如何却是莫衷一是。关于占里"换花草"的传说更是多种多样：有人说，"换花草"是一种藤状物，但根部不相同；有人说，"换花草"是一单方药；有人说，"换花草"是由七八种中草药合成的侗寨"祖传秘方"；还有人说，"换花草"是两株草药，一株是妇女节育的用药，通过口服以达到避孕的效果，另一株便是在育龄妇女怀孕前服用，达到确定生男生女的目的；等等。这些都将"换花草"说得既神奇又神秘。

"换花草"侗语音为"挽划"，就是"换花"之意，就是能"偷梁换柱"，保证占里人按自己的意愿生男生女。有村里人私下神秘地介绍说，"换花草"是一种生长在山上的藤类植物，叶子细而尖，用其根部入药，用水煎服。占里人生第一胎时，一般不计较婴儿的性别。怀上第二胎后，孕妇就要仔细体会一下是否与怀第一胎时的感觉相同，如果不同则胎儿性别就不一样；如果感觉相同，就要到寨子里的老药师那里开药吃。按照孕妇的意愿和要求，老药师就要决定挖药时要横长的还是竖长的。据说"换花草"的根部是横长的，吃了可生女娃；根部是竖长的，吃后可生男娃。服药的时间一般是在怀孕后的两三个月内。

"换花草"的药方掌握在药师手里。药师一般都是女性，她们从小学习医术，但是必须到了中年以后才能给人用药。药师的职责是：①给即将结婚的男女青年讲授生理、生育和节育知识；②给怀孕的妇女做定期检查并接生；③给避孕失败的妇女做人工流产和引产；④给需要避孕绝育的妇女、男子发放中草药；等等。药师是民间的医药专家，传承的方式是母女相传，代代沿袭，每代只能有一位。如果药师的女儿早殁，或者因为其他的原因不能继承，药师就会在自己的表姊妹中选择一人进行传授。药方成为一个家族内部传承的技艺。据说，男性中也有懂得这些药物的，但是男性不能给人做手术。男性药师主要的职责是向已婚男子传授避孕节育的方法（如体外排精法等）和提供避孕药物。有人说，药师给人做引产和流产手术，干的是损阴功的事情，所以大多无后，人们也都不愿意去学习她们的技艺；也有人说，女药师根本就不知道换花草的秘密，换花草是被男药师掌握的，因为不愿意让外人了解太多，才假称女药师握有药方。总之，虽然换花草名声在外，但是在占里，换花草依然是神之又神、秘之又秘，很少有人知道其真正的秘密所在。

值得注意的是，虽然占里的生育控制中强调每户只能生一男一女两个孩子，但我在调查的过程中发现还是有个别家庭生育两个男孩或是两个女孩的。

> 其实我们不是用药控制，而是由人控制。比如说我们家，我的伯伯只要得一个女孩子，我妈就没有吃药，意思是男孩女孩都可以。要是两个男孩，就叫一个去顶我伯伯的家门。现在我跟我哥就一人（顶）一家。
>
> ——双男户

> 那种药（换花草）的效果也只有百分之七八十，也不一定。你看，我们家不就是有两个女孩子吗？我们家就是那百分之二三十嘛！（虽然）上坡的时候是辛苦一些，（但是）都

说女孩子贴心嘛!其实,我们这里第一胎一般都不去管它,男女都可以。要是第一胎是女的,第二胎的时候就要吃药了,因为一定要生个男的,我们这里没有男的不行,女人不能上坡做活路;要是第一胎是男的,第二胎也不用管了,女的更好,男的也行。男的多了,可以帮忙家里上坡啊!

——双女户

我上面一个(孩子)是女的,上小学了,现在想再要一个男(孩子)。她爸爸有工作,计生局不让我们再生了。① 早前不知道(只让生一个),怀她的时候,我以为是个男的,也没有吃药。现在没得办法了。女的是好,但没有男的好。我们是农民,要上坡做活路,没得男(孩),以后怎么办?要是只得一个崽,我想要男的。没女(孩)可以,没男(孩)没好。

——独女户

也有学者在研究的过程中提出,占里在控制人口的过程中,还有一个隐秘的手段:杀婴(张晓松,2001:90~105)。如果产下的是不符合自己意愿的孩子,占里人可能会采取一些消极手段,促使婴儿死亡。当然,占里人是极力否认这一点的,但是从他们日常的话语中,多多少少可以感知出来一些信息。

我们这里的小孩子会说话、会走路以后才算是人;那种不满一岁的小孩子,又不会说话,每天只会哭,跟小鸡、小鸭也差不多。这样的小孩子死了也不会给他们起坟,都直接扔到后面山上去了。

人活多大寿数,那是阎王规定好的。来阳间之前,哪个鬼都不愿意长久,就求阎王给它定得短些、再短些,最好是

---

① 根据从江县计生局的相关规定,不论男女,公职人员只能生一胎。

一两岁就死去,会回去继续当鬼嘛!所以,有些小娃崽一两岁就死去了,人家也没得办法。

有些小孩子还没出生,或者是刚刚出生的时候,我们就知道他活不成的。我也是听别人说的。据说小孩子生下来的时候,如果是脸朝太阳升起的方向(东方),就能活;如果是脸朝太阳落下的方向(西方),就不能成人。如果生下来的小孩子个子很小,长得不好,一副没有力气的样子,再加上脸朝西方,大人就不会管他了,任由他自生自灭。父母如果年龄很大了,又一直没有小孩子,那么生的小孩子可能也活不成,再加上出生的时候脸朝西方,肯定是活不成的;但是,由于父母一直没有小孩子,会悉心照顾小孩子,所以尽管是这样,这样的小孩子最后也会死的,成活的十成里面还到不了一成。

——鬼师补太

可见,在对人生命长短的认知中,占里人相信命自有天定,不是通过个人努力就可以改变的,寿数是"阎王早就规定好"的。一两岁就死去的小孩,是因为在还是鬼的时候就跟阎王讲好条件。而且在占里人的观念中,一岁多还不会讲话的小孩,根本就不算是人,因此也减轻了对照顾不周而造成婴儿死亡的罪恶感。

第三节 命名制度

占里人的名字是随着年龄的增长、辈分的升高等而变化的。婴儿刚出生,就立刻给外婆家报信。满三天后,由外婆和家族邻里一起举行庆贺活动,并给婴儿起名。取名多以花草树木、居住地点、出生或命名时间、小孩讲话和哭笑声音大小以及形象为依据来进行。这些名字全以单音节词构成。一般来说,没有名字的婴儿会被称呼为"噢恩"①或者"培"②。取了名字之后，名字中还是要加上辨别性别的字，如一个叫"朝"的男孩子，别人会称呼他为"老朝"③；一个叫"闷"的女孩子，别人会称呼她为"培闷"。

当男女结婚生育了孩子后，他们的名字就发生了变化：以辈分和他们孩子的名字覆盖了原来的名字，成为"补某""奶某"，即"某之父""某之母"；当他的儿子结婚并有孩子之后，就改称为"公某""哈某"，即"某之爷""某之奶"。随着年龄的增长，代数越多，变化的次数也就越多。一个家庭中的第一个孩子——不论男女——的出现和命名，决定了他（她）的父母和亲戚（包括母方）名字的变化。

从2006年使用的户籍册上看，占里人的这种命名制度还是有些变化的，特别是男性户主和受过教育的人有明显的变化。由于入学读书学习汉文化，以及外出当兵、当干部等，特别是大众传媒（电视等）的影响，占里人的姓名反映为在书面上明显"汉化"，但是在日常口语中变化不大。下面以吴老你（也就是补报）家的户籍资料为例。

表6-1 老你家的户籍

姓名	与户主关系	性别	出生日期	年龄	所属兜
吴老你	主	男	1973年8月	33	兜务
吴奶报	妻	女	1974年6月	32	兜金堂
吴丙秀	父	男	1951年4月	55	兜务
吴奶你	母	女	1954年5月	52	兜金堂

---

① 侗音记汉字，意思为"弟"，所有的男孩子在没有名字之前都会被这么称呼。
② 侗音记汉字，或者可以记为"婢""北"，我从纯粹的记音角度看来，"北"其实更接近，这个字的意思为"女孩子"，所有的女孩子在没有名字之前都会被这么称呼。
③ "老"也是侗音记汉字，有男子的意思，因为当地把男孩子叫作"腊班"，把成年男子叫作"腊汉"，因为是侗音记汉字，"腊"与"老"为同一个音。

续表

姓名	与户主关系	性别	出生日期	年龄	所属兜
吴公团	爷	男	1924 年 5 月	82	兜务
吴哈团	奶	女	1925 年 8 月	81	兜金堂
吴老报	子	男	1994 年 2 月	12	兜务
吴培报	女	女	1999 年 7 月	7	兜务

这张户籍表至少反映出以下几方面内容。

第一，这是一个连续三代在兜务和兜金堂之间通婚的家庭。

第二，占里居民以吴为他们对外的姓氏，仅有几户后迁来的是其他姓氏，如石、黄、潘、蒋、伍等。

第三，"补"为父，"奶"为母，"公"与汉族的公意思一致，"哈"为奶奶。

第四，"老"为 la:k^{10}，男孩之意；"培"是对女孩子的昵称。

第五，吴老你的姐姐已经出嫁了，可是对他爷爷奶奶的称呼仍然是"公团""哈团"，用他姐姐培团的名字进行掩盖。

第六，吴老你又叫吴补报，吴丙秀又叫吴公报，吴公团又叫吴忙报，由此可知，补报、公报、忙报、老报是四代人。

从户籍资料中可以发现这些内容，但同时也隐藏了一些内容，只有进一步分析才能够弄清楚。从分析来看，每个名字至少掩盖了一个其上代人的名字，辈分越高则被掩盖的次数越多，掩盖的名称也越多，如忙报就被掩盖了四次。家庭中每个人处于什么样的级序位置中，一看便知。这不仅是一家人的象征，同时也是新老交替的象征，是名字掩盖与被掩盖的直接体现。

寨子里有一家第一个孩子是男孩，起名叫朝。因为是男孩子，所以别人会称呼他为"老朝"①；第二个孩子是女孩子，名字叫

---

① 他的父母在他小的时候会叫他"噢恩朝"。"噢恩"是侗音记汉字，意思是小孩子；长大后，妈妈心情好的时候也会称呼他"噢恩"。

"花",所以别人会称呼她为"培花",不过她同时也是"朝"的妹妹,所以更多的时候,大家会称呼她为"花朝",意思就是"花"是"朝"的妹妹。自从朝出生以后,大家称呼他的母亲为"奶朝",即"朝的妈妈";称呼他父亲是"补朝",即"朝的爸爸"。他母亲的父母即外公、外婆分别被称为"大朝""得朝",即"朝的外公""朝的外婆";他父亲的父母即祖父、祖母分别被称为"公朝""哈朝",即"朝的祖父""朝的祖母"。当然,以上这些称呼都是从与老朝交好的人的角度来考虑的,如果寨子中的某人与"花朝"的关系更好,那么也可以用她的名字来掩盖父、祖辈的名字,那就分别是"奶花朝""补花朝""大花朝""得花朝""公花朝""哈花朝"。

当称呼培羊的妈妈时,我们叫她"奶培羊",但是,我们称呼培挖的妈妈时,我们叫她"奶挖"。为什么呢?原来,培羊原本是没有名字的,只因为她的爸爸叫羊,所以,村里人就叫她"培羊",于是我们称呼她的妈妈为"奶培羊";但是,培挖(会计的女儿)是有名字的,叫"挖",于是我们称呼她的妈妈为"奶挖"。

这种因为第一个孩子名字的出现而导致亲属名字发生变化的命名制度,被以往的学者称为"亲从子名""从子称亲""亲从子称"或"子名盖父母名制"。由于这种命名制度内容比较丰富和复杂,因而叫法也比较多。它不像彝族、苗族等民族的父子连名那样一目了然,有父名必有子名与之相连。所以,任何武断的说法都是欠考虑的,只有认真分析他们的命名结构及产生这种命名制度的社会、文化背景后才能得出比较客观的结论。

总的来说,占里的命名制度表示着不论第一个孩子是男孩还是女孩,他(她)的出生都会掩盖父母及亲戚的名字,所以,父母对孩子的性别就不会太在意。相反,父子连名制和汉族的排字辈制,都要由男子来实现,所以就必须生男孩,不达目的誓不罢休,这也是计划生育工作难以有效开展的原因之一。而在占里完全没有这方面的烦恼:人们多数生两个孩子,第一胎或者第二胎孩子的性别对他们来说没有什么要紧的。第一胎是女孩也同样可以盖父母名,而且还可以生第二胎。即使第二胎仍然是女儿,她们同样可以像男孩一样照顾父母,继承财产,延续"香火"。虽然因为农业劳动的关系,占里人在观念上更偏爱男孩,但是这纯粹是出于生理特征的考虑,在感情因素上,占里人的性别偏爱并不明显。有的时候甚至会更加偏爱女孩一些,因为"女孩子比较贴心"①。

第四节 亲属称谓制度

亲属是社会关系的一个重要方面,从法学角度讲,它是指因婚姻、血缘和收养而产生的人际关系。亲属之间都有固定的身份与称谓,不能随意变更;并与一定的继承权利和赡养义务相联系,在三代之间具有血缘关系的亲属之间更是禁止婚媾。

人类的亲属关系表现在语言上就是人类学上所说的亲属称谓制度(kinship terminology),是反映人们的亲属关系以及代表这些亲属关系称谓的一种社会规范。亲属称谓本身就包含了丰富而准确的有关社会组织和结构的信息,为文化人类学提供了一个广阔的研究领域,百余年来一直成为各派理论研究的焦点。

占里侗族的亲属称谓制度与其他地区的侗族并无两样,同属于类别式亲属称谓。类别式称谓的特征是,只计算群体而不计算个人的亲属关系,无论直系或旁系亲属,只要辈分相同,相同性别的亲属都用同一称谓说明(林耀华,1997:368)。

---

① 不过这种"贴心"的感觉多是建立在已经有个男孩的基础上。比如说,双男户和一子一女的家庭,多持这种论点;双女户则多提到男孩对一个家庭经济和生产的重要性。

表 6-2　占里的亲属称谓

	汉族称谓	侗族称谓	侗音记汉字
父族称谓系统	高祖	$oŋ^3 pu^4 oŋ^3 maŋ^3$	公补公骂
	曾祖	$oŋ^3 maŋ^3$	公骂
	祖	$oŋ^3$	公
	父	pu^4	补
	本身	ju	旧
	子	$la:k^{10}$	腊
	孙	$la:k^{10} khwa:n^{1'}$	腊宽
	曾孙	$la:k^{10} khwa:n^{1'}$	腊宽
	玄孙	$la:k^{10} khwa:n^{1'} la:k^{10} khwa:n^{1'}$	腊宽腊宽
母族称谓系统	曾外祖	$ta^1 maŋ^3$	大骂
	外祖	ta^1	大
	母	$nəi^4$	奶
	本身	ju	旧
	舅父与姨母的孩子	$u^1 biu$	

注：以男性词语称谓系统为例。这一部分的资料除田野调查得来外，还部分地参考了石开忠《鉴村侗族计划生育的社会机制及方法》一书。

高祖称为 $oŋ^3 pu^4 oŋ^3 maŋ^3$，高祖母、高伯母、高叔祖等与之同一称谓。

曾祖称为 $oŋ^3 maŋ^3$，曾祖母称为 $sa^4 maŋ^3$。曾伯祖、曾叔祖与曾祖为同一称谓，曾伯祖母、曾叔祖母与曾祖母为同一称谓。

祖父称为 $oŋ^3$，祖母称为 sa^4。伯祖父称为 $oŋ^3 la:u^4$ 或 $oŋ^3 maŋ^3$，均有"大祖父"之意；伯祖母称为 $sa^4 la:u^4$ 为或 $sa^4 maŋ^3$，均有"大祖母"之意。叔祖父称为 $oŋ^3 win^6$，即小祖父；叔祖母称为 $sa^4 win^6$，即"小祖母"。在这类亲属称谓中仅有大、小之分，而没有一、二、三、四之别。祖父的姐姐，不管有几个，均称为 $sa^4 ba^3$，即大祖姑母，当然，不论有几个大祖姑父，均称为 $oŋ^3 ljoŋ^5$；祖父的妹妹，不管有几个，均称为 $sa^4 win^6$，即小祖姑母，小祖姑父不管有几个，均称为 $oŋ^3 tu^2$。

父称为 pu⁴，母称为 nəi⁴。伯称为 pu⁴la:u⁴ 或 pu⁴maŋ⁴，即大父；伯母称为 nəi⁴la:u⁴ 或 nəi⁴maŋ⁴，即大母。叔称为 pu⁴win⁶，即小父；叔母称为 nəi⁴win⁶，即小母。这类称谓也没有一、二、三、四之别，而仅有大、小之分。同样，父的姐姐不管有几位，均称为 pa³，其夫即大姑父均称为 ljoŋ⁵；父的妹妹不管有几位均称为 u¹，小姑父均称为 tu²。

本身即本人自己，称为 ju，妻称为 ma:i⁴，哥、嫂、姐均称为 ta:i⁴，弟、弟媳、妹均称为 naŋ⁴，堂表兄弟姐妹均称为 u¹biu。

子，称为 la:k¹⁰，针对性别的不同，再加上区别性别的词，如男孩称为 la:k¹⁰pa:n¹，女孩称为 la:k¹⁰mjek⁹。具体到某个具体的男孩则直呼其名或昵称弟，女孩则昵称为 pen 或姐、妹。儿媳称为 lja³′，其称呼与姐妹相同。

孙，不分男女均称为 la:k¹⁰khwa:n¹′，孙媳妇称为 la:k¹⁰khwa:n¹，大孙子称为 la:k¹⁰khwa:n¹′maŋ³，小孙子称为 la:k¹⁰khwa:n¹win⁶′，同样没有一、二、三、四的区别。

曾孙，不分男女通称为 la:k¹⁰khwa:n¹′，大、小曾孙媳均为此称谓。

玄孙，是将孙和曾孙称呼重叠而形成的称谓：la:k¹⁰khwa:n¹′la:k¹⁰khwa:n¹′。

以上是按照父方亲族称谓进行排列和说明，同样，母方亲族称谓也是类别式的。

曾外祖，称为 ta¹maŋ³，曾外祖母，称为 te¹maŋ³。

外祖父，称为 ta¹，外祖母，称为 te¹。外祖父的哥，称为 ta¹la:u⁴，其妻称为 te¹la:u⁴；外祖父的弟，称为 ta¹win⁶，其妻称为 te¹win⁶。同样，称谓在这里只有大、小之别，而没有一、二、三、四的不同。

母，称为 nəi⁴。母亲的哥（大舅父）称为 ljoŋ⁶，其妻即大舅母，称为 pa³；母亲的弟（小舅父）称为 tu²，其妻即小舅母称为 u¹。母亲的姐即大姨母称为 nəi⁴la:u⁴，母亲的妹即小姨母称为 nəi⁴ win^6。这里的舅父和姨母只有大、小的区别。

本身为 ju。舅父和姨母的孩子均称为 u^{1}biu。

由此可见在占里的亲属称谓制度中,辈分相同的人,只有性别的差异;兄弟姊妹排行中,只有大、小的区分。这说明,在占里,继嗣传统是一种特殊的形式,既不同于单系偏重,也异于双系并重。但是,亲属称谓在执行的过程中并不严格,因为长期实行寨内婚,占里全村的人家之间都有亲戚关系,有时候也会在称谓上产生烦恼,不知道该怎么称呼。在这种情况下,虽然占里有完整的亲属称谓表,但在实际生活中,大家更喜欢直接称呼对方的名字。

> 我们全村都有亲戚关系,有时候我们也不知道该怎么叫,就随便叫的。跟我年龄差不多的,比我年龄小的,还有那些孩子,就直接叫名字;跟我爸年龄差不多的叫伯伯,有的时候也可以直接叫"补某某",就是某某的爸的意思;跟我的公年龄差不多的,可以叫他们"阁老",也可以叫"公某某",就是某某的公的意思。
>
> 我有个朋友,我们年龄差不多,从小一起长大,是一个告班的,但是他比我高一辈,是我爸爸那一辈的;后来他结婚了,娶了一个姑娘,我跟这个姑娘的公是一辈的。我也不晓得要怎么称呼了,(平时)都是直接叫他们的名字。他们的孩子现在也长大了,有时候也叫他们补某某、奶某某(用孩子的名字称呼他的父母)。
>
> ——占里人在亲属称谓中的烦恼

通过本章的分析可以看出,占里的亲属称谓与其他侗族地区并没有很大的区别,但是为什么在占里可以形成与众不同的生育文化呢?通过对比,似乎只能说原因在于占里的传统文化保存得更为完整。在其他侗族地区被汉族儒家文化渗入的同时,占里因为其地理原因与外界接触不多，受到异文化的影响不大，保持着相对完整的侗族传统，因而也延续了侗族生育文化中的精华成分。

第五节 继嗣制度

继嗣指从文化意义上把某人透过其父母或其中一方与一群亲属联系起来的关系。确立这一关系的作用在于规定个人在亲属关系集团中的地位、权利、义务和继承关系等。从目前的民族学和人类学研究来看，人类社会有单系继嗣、双重继嗣、两可系继嗣等几种类型。

单系继嗣可分为父系继嗣和母系继嗣两种，通过男系或女系单线推算成员而建立继嗣群，父系继嗣是非西方社会中最普遍的形式。在单系亲属体系中，两种亲属的地位是完全不同的。如中国汉族社会的亲属制度就是一种单系继嗣，子女以父之姓为姓，它是以亲子关系为纽带的继嗣关系。双重继嗣，即双重单系继嗣，这是一种从父系和母系两种方向同时推算的继嗣，这种继嗣方式比较少见。在尼日利亚东部的雅科人中，财产分为父系占有和母系占有两种形式：父系拥有永久性的生产资料，如土地；而母系则拥有消费性的财产，如牲畜。母系占有在法律上较弱，但在宗教事务中比父系占有更重要。由于双重继嗣的存在，一个雅科人可从父亲的父系群继承到牧场，又可以从母亲的母系群继承到某些仪式特权（哈维兰，1987：398）。两可系继嗣是非单系继嗣或并系继嗣，即一个人既可以做母亲的继承人，也可以做父亲的继承人，但只能选一种。继嗣制度与一个社会的经济有着密切的联系，一般来说，靠男人养家的地方多实行父系继嗣制度，主要发生在畜牧和农业社会中；靠女人养家的地方多实行母系继嗣制度，主要发生在南亚旧大陆原始农业地区（哈维兰，1987：390）。

占里的继嗣制度与以上三种均有不同，用当地话来说就是："生男孩保护（继承）爸爸（财产），生女孩保护（继承）妈妈

（财产）。"如果是父母共同创造的财产，由子女们平均分配、继承。因为多年来一对夫妻一直只生育两个孩子，所以一般都是二一添作五。男孩继承水田、菜园、山林、房屋、禾仓、耕牛、家具和农具等不动产；女孩则继承一份水田，以及棉花地、首饰、布匹等动产。但是如果女儿嫁到了外村，则对家里的动产和不动产不具有继承的权利，所以长期以来，与外村男性结亲的姑娘极少见。要是有女无儿，女儿可全部继承父母购置的财产，但是祖上留下来的财产则交由叔伯兄弟平均分配，由此，父母的丧葬费用也要由他们共同承担；若是有儿无女，属于女孩子继承的那部分财产，可暂时由男孩子代为保管，到下一代有女儿时，再移交给女儿。如果有两个女儿，则属于女儿的那一部分财产平均分配，属于儿子的财产在叔伯兄弟中择一过继以继承财产并承担相应的义务。如果家中没有女孩，父母也许会在两个男孩中选择一个当成女孩养，在继嗣上即可以按照父系也可以按照母系（石开忠，2001：114）。这种继承法完全排除了重男轻女的思想观念，而且为了家庭和睦，客观上也要求一男一女的家庭格局。下面是我在占里对一个双男户家庭的访谈记录。

问：你有姐妹吗？

答：没有。

问：那么你有什么呢？

答：我有一个弟弟，名字叫老罗，现在我们还在一起生活。

问：那么将来如果你们要结婚了的话，怎么分家呢？

答：我弟弟有自己的房子。另外，水田是一人一半，林地也是一人一半，林子中的树木也是一人一半。

问：那么旱田呢？就是棉花田。

答：我们没有旱田的。我妈妈有，我未来的老婆也有。

问：你妈妈的旱田给谁呢？

答：如果我有妹妹的话，统统给我的妹妹，还有家里的一些银器，另外还有一块水田。家里的水田都是分好的，一人一份，如果我的妹妹不嫁到别村去的话，她结婚的时候也有一份水田；如果她要是嫁到外村去的话，就什么也没有。但是我没有妹妹，所以我妈妈的旱田要平均分成两份，我和我弟弟一人一份。

问：以后给你的女儿？

答：是的。

问：那么家里的牛等牲畜呢？

答：也都是一人一份。

由此可以看出，占里侗族控制人口的原因在于"析产制"。寨子里的耕地、山林已经固定，如果参与分配的人多，那么每个人分得的份额就相应减少，这是一种反比例的关系。占里是一个自给自足的封闭社会，人们种田、织布、养鸭、喂牛、栽树都是为了满足自己的需求。在这样的社会中，人们所能获得的财物也是有限的，不可能供养过量的人口，当然也就不可能放任人口过量增加。

第六节　赡养制度

据 2006 年我在占里侗寨实地调查资料计算，老年人口系数为 11.7%，儿童少年人口系数为 19.6%，老少比为 59.6%，年龄中位数为 34.4，由此可见，占里是一个典型的老年型社会，人口已经出现老龄化。相比于现在整个中国现代化进程中的人口老龄化问题，这种"银色浪潮"似乎并没有影响占里人的生活，一切都是那么理所当然。

对父母的赡养是和对父母的继承联系在一起的。前面已经讲过，占里的继嗣关系是一种特殊的"双重继嗣"，也就是所谓的

"生男孩保护（继承）爸爸（财产），生女孩保护（继承）妈妈（财产）"，与之相连的就是男孩赡养父亲，女孩即使已经出嫁也会继续赡养母亲。如果没有女孩，则两个男孩一人赡养一位老人，不过在对母亲的赡养上，还要依赖叔伯家的姐妹。在田野调查中，我曾经访谈过一户双男户。虽然两个儿子对父母都很孝顺，但是兄弟俩的一位堂姐还是经常去家里，像女儿一样照顾他们的母亲。占里人认为没有女儿照顾母亲是一件不完美的事情；如果没有男孩，两个女孩也是一人赡养一位老人，但父母的身后事还是要依靠叔伯兄弟。

与传统汉族社会中儿子养老送终不同，占里的女儿也有义务赡养父母；与传统汉族社会父母不愿意让女孩赡养不同，占里的老人认为由女孩照顾也是理所当然的，因为女孩的赡养关系与占里的婚姻规则是联系在一起的。占里实行的是寨内兜外婚姻制度，男不外娶，女不外嫁。一个已经出嫁的姑娘，她的娘家和婆家同处在一个寨子中，也许就是几步路的距离，使她对亲生父母的照顾极为方便，也使这种赡养关系成为可能。与传统汉族社会不同的是，占里侗族女孩既可以继承父母的财产，也能够养老，在功能上与男孩几乎没有什么两样，所以，在占里也就很难存在对男孩子的偏好，反而是女孩子由于天生的细致、温柔、乖巧、体贴，以及在照顾家人方面的女性优势，比男孩更加容易受父母喜爱。

2006年占里在家庭规模上，四人户和五人户的比例基本上达到了70%，育龄妇女生育子女数量上多在两个及以下。也就是说，大多数夫妇仅需要奉养一位老人、养育两个孩子。在实际调查中也确实是这样的。

吴公报是占里一位普通的寨民，家有一妻，女儿已经出嫁，儿子也已经结婚生子。公报父母（公团和哈团，也可以称为忙报）均健在。公报还有一个妹妹，嫁在本村，住的地方离他家不远。公报的父母平时虽然是住在公报家旁边的一座吊脚楼上，但是他们还是和公报一起吃饭。两位老人虽然已经八十多岁了，但是身体还是很健朗,有自己的水田。老爷子每天还要上山割两次草来喂牛,农忙时也会给公报家帮忙,但是一天中更多的时候,老人还是在家中照顾重孙女培报。公报的母亲大多时候帮忙做做家务,带带重孙女培报,天气好的时候晒晒棉花。女儿的家离得也很近,有事没事的时候,老两口也会到女儿家里吃饭。有几次我一到公报家,就听说他父母又去妹妹那里了。

占里老人的身体都很不错,即使年过七十仍然劳动不休,上山割草、下水插秧都是一把好手,在劳动力普遍缺乏的占里,他们可以算是好劳动力。再加上侗族有尊重老人的传统,社会组织中留有老人政治的残余,老人在社区中拥有一定的权威,所以,父母无论是跟着儿子住还是跟着女儿住,只要是自己的选择,基本都是可以得到满足的。

第七节　丧葬制度

人类学家凡·盖纳普在其 1909 年出版的《通过仪式》(Les Rites de Passage) 一书中,将丧葬礼作为人生仪礼整个过程的一个环节来阐述。他使用"通过仪式"(Rites of Passage) 一词概括个人及社会从一种状况到另一种状况的转换过程。生命过程中的通过仪式是为了个人生命的危机时刻而设并与之相伴的,这些生命的重要关口就是出生、成年、结婚、死亡几个时刻。这些关键时刻必须通过一定的仪式安全渡过。其中,丧葬仪式更强调分离。

占里的丧葬仪式有三种不同类型:寿终者的丧葬仪式、非正常死亡者的丧葬仪式、儿童的丧葬仪式。

一　寿终者的葬仪

寿终者的葬仪又分为一次葬和二次葬(也称为小葬或捡骨葬)。

（一）一次葬

1. 准备

其实占里人的丧前准备是非常早的：几乎在婴儿出生的那一刻，父母就开始为他们未来的葬仪做准备了。例如，为他们选择棺木，选定的一般都是杉树，茂盛而且不能有分杈。

一般在儿子结婚、有了孙子之后，老人们就开始为自己的后事做准备了。这并不是害怕死亡，而是面对死亡的一种坦诚和积极的态度。从儿女方面来说，尽早为父母准备棺材、寿衣也是一种孝行的表现。老人们最担心的就是自己最后的一件大事被匆忙应付，所以随着年龄的增长，老人们也会一再在儿女面前念及此事，屡屡催促。

占里的棺材通常由四块长木板制成，上、下、左、右分别是一整块木板，棺头棺尾也是一整块的方板。每边的棺板忌以两块以上的木板拼成，也不允许用两棵树做成。负责制作棺材的有专门的人家，手艺世代相传。同时，棺材的制作只能在村外完成，不允许把棺材抬进村里。

寿衣一般由已婚的女儿或媳妇给老人预制。一般是黑色的染布，两头留须。老人咽气后家人才马上开始缝制寿衣。

同时，在有高寿老人的家庭，也会在财力上进行必要的储备，以备不时之需。老人有什么要求，也可以提出来商量；孩子有什么打算，也会告诉老人。总之，无论是在物质上还是在心理上，人们都为丧事做好了充分的准备。

2. 寿终

当老人病危的时候，亲友频频探望，以示关怀。老人的儿女亲属日夜轮流照顾，尽心尽力。老人弥留之际，本家的成员齐聚老人床前，与他（她）见最后一面。

3. 报丧

人死之后，首先要向村里报丧，通过广播让全村人到某家去做义工，大家就知道某家出了事，听到信息的村民立刻赶来帮忙料理后事。一般每家来一个人，来的时候多少带一些米，几斤至几十斤不等。

通报死者的女儿是第一要务，因为女儿要负责为去世的父母穿衣入殓，女儿不到场，这丧事就难以办成。如果没有女儿，则需要事前从血缘关系近的亲戚家认一个"干女儿"。干女儿没有赡养继承的义务和权利，只在老人入殓的时候负责穿衣铺被。

其次是要去通知鬼师。占里大大小小的鬼师有十几个，请哪一个由主家自行决定。鬼师到达丧家后马上进行商讨，根据死者出生时日算起，决定上山、停葬和二次葬的时日。鬼师还要为死者诵念经文，以引导死者的亡灵经过长长的阴间鬼路，爬上一个高高的坡，最后到达天上。

4. 装殓

入殓前，必须要给死者沐浴、更衣，总称为"装殓"。占里人认为，如果不给死者洗得干干净净的，阴间就不会接受他（她），最后死者就会成为孤魂野鬼。在给死者擦脸和四肢、洗头和梳头之后，要趁尸体未僵赶紧换上寿衣。寿衣一般都是着单不着双，3、5、7件都可以。最后，在死者嘴里放上一块银子，让他在阴间路上不要多说话。据说，要是沿途多嘴，会给家里带来灾难。

5. 守灵

死者的遗体通常是放在家里的二楼，头朝靠山的一边，脚朝外。在死者的头前点上香，子女们在旁守候。

守灵期间，全村成年男女主动前来，有来帮忙煮饭的，有来送别死者的，有来陪伴家属的。停灵一般1到4天，死者的家属也不穿孝衣，除了去丧家帮忙的人之外（多是女人），其他人正常上坡劳动，与往常没有区别。这也是我在占里两次遇到丧事而不知的原因。

守灵期间只能吃糯米饭和腌鱼，与死者同一基的人禁吃肉。

6. 发丧

按照鬼师计算好的日子，由和死者不同兜的六个人将死者的尸体抬上山。一路上可以由不同的人换着抬，但是棺木不能落地。死者经过村里人的家门口时，这些人会烧一些草，让死者经过。尸体后面跟着全村的人，每家至少来一个人（多是女人）。尸体抬到停棺的地方以后，装殓入棺，合上棺盖，将棺木夹在两条枕木之上，与地隔离。丧家在此会烧香、放炮。

抬运尸体的人来自与死者不同的兜，由鬼师事前算定，与死者八字相合者不得担任。丧家会给他们每人一块白布，称为"压手"。如果经过鬼师测算，死者死亡的时辰属凶，那么在装殓时，死者的家人和同兜的人还要避到河对面的山坡上。

7. 入棺

将尸体殓入棺木中后，人们将其放在架子上，并在上面搭盖顶棚，避免风吹日晒。如果停棺的时间长，每年清明节"卦青"①的时候加以修整。

在回家的路上，禁止回头，表示与死者永远断绝关系。据说谁要是回头看，死魂就会跟随其回家，作祟于其家人。发丧结束后，丧家将死者的衣服和不要的东西拿到村尾风雨桥下烧掉。

8. 回礼

从坟山上回来，村里人会在鬼师宣布仪式结束之后，杀猪宰牛，开始吃肉、喝酒。吃过饭后，丧家把肉分成小份，每家一份，感谢他们的帮助并宣告丧事结束。

9. 复山

请客之后的第二天，同兜的妇女们要携带饭、肉和水到停棺

---

① "卦青"是占里人为祖先上坟、烧纸、点香的一种行为，一般在每年的清明节举行，主要是拥有共同祖先的几家联合祭祀祖先，并在坡上一起喝酒吃饭的一种活动。"卦青"中只祭奠入土三年以上的先人，尚在停棺待葬中的先人不祭奠。在"文革"时期，卦青被当作迷信行为而加以取缔，其后在历次的运动中占里也出现过"平坟"的行为，因此占里人远祖的坟茔早已不可辨；有的坟茔虽在，却已经没有了后人传世，成为无主孤坟。在"卦青"时，占里人也只拜祭记得住的祖先，大约三代到四代，记不住的也就算了。据说以前占里的"卦青"比较隆重，经常是以家族为单位祭奠，现在则越来越萧条，拜祭行为逐渐家庭化、个人化，再没有以前那么隆重热闹了。

的地方，请死者"吃饭喝水"，跟他（她）做最后的道别。如果死者是年轻人，则妇女们要大哭一场；如果是老人，则不哭。回来后，丧家要请这些妇女再吃一顿。

10. 三请

丧事结束之后的第三天，丧家还要把在葬仪过程中帮忙抬运尸体的人和同兜亲戚请来，再吃一顿。到此，全寨性的丧事基本结束。

11. 守孝

死者被抬上坟山之后的一个月内，丧家要点香烧纸，家里的灯要一直亮着；女性不能动针线，不能织布，不能洗头。三年之内，不能开歌，不过可以去别人家唱歌。

（二）二次葬——小葬

二次葬也叫"小葬"或"捡骨葬"，在鬼师测算好的年头里举行。到了那一年，丧家再找鬼师推算具体的日子，到停棺的地方将尸体的骨头捡出来，进行安葬。

在下葬的前一天，丧家会请人上山挖洞。上山挖洞的人可以从丧家那里得到一块白布"压手"。到了二次葬那一天，在棺材里倒上一些油，将肉体完全烧掉，只剩骨头；将骨头捡出来，放在一个新的棺材里，然后埋进土里。埋葬的地点不限，可以是鬼师选择的吉祥之地，也可以是自己选择的合适之地。

二次葬之后 15 天内，丧家不能断了香火；一个月内女人不能动针线，不能织布，不能洗头；三年内不能开歌。

二　非正常死亡者的葬仪

凡是因枪打、刀砍、车祸、坠崖、上吊、投水、服毒、暴卒以及房屋倒塌、山体滑坡等原因致死的，[1] 占里称之为"死相"[2]。

---

① 不包括难产。占里人认为难产而死属于正常死亡。
② 依照鬼师的叙述记音，具体是哪两个字并不是太清楚。

据说这种死法的人会变成最厉害的鬼，需要鬼师去做法事镇住它们，不让鬼危害村寨。这些人的尸体不能放在家里，一般也不允许在村里举行葬仪。就算是吴氏家族的人，也不能埋进吴氏坟山。如果是死在家里，则在自家屋檐外的空地上搭灵棚摆放灵柩；如果是死在外面，尸体就不能够进村，只能摆放在村口处。葬仪过程也十分简单，不再进行丧葬仪式，由鬼师作法，将其灵魂引上天；找人用布将尸体抬上山，装入棺材里；待鬼师算定吉时吉地，再举行二次葬。

占里的坟山分为两边：一边是吴氏坟山，只埋葬寿终的吴氏族人；一边是乱葬坟山，埋葬非吴氏家族的人和非正常死亡的人。两座坟山均是杂草丛生，树木茂盛。我有时候偶然从坟山旁边经过，还可以看到等待吉时下葬的棺材，惊恐之感油然而生。不过，日日从旁经过的占里人似乎早就习惯了这样的景象，竟是视若无睹、安之若素。

三　儿童的葬仪

婴儿的葬仪在占里是最为简单的。因为占里人认为不会说话、不会走路的婴儿还算不上是人，所以，婴儿死后一般不请鬼师、不入棺、不起坟、不立碑，而直接由父母扔到附近的山上（绝对不允许扔到吴氏坟山）。埋葬或者不埋葬并没有明确的规定。

夭折的孩子一般也都被父母送到附近的山上，不起坟，不立碑。人们认为，如果把孩子掩埋在土里，他就回不来了。为了让他能够重新转世为人，只能将尸体草草放置在山上。

四　葬仪的功能

通过占里的丧葬仪式过程不难看出，葬礼在占里人品德养成与行为规范教育中占据了相当重要的位置。占里作为一个生活在大山深处的村寨，与外界几乎隔绝，却保持了零刑事犯罪记录和零人口增长，这些并不是精英教育能够实现的，更何况，在占里普及近代基础性教育还是 20 世纪 90 年代以后的事情。因此，我认为，占里能保持这一切，是他们的传统所致，是他们在日常生活中一点一滴的教化所凝结，是他们的文化长期约束而成的。

丧葬仪式作为一种传统文化，作为每一个人都会经历的一个阶段，用整个文化中关于死亡的理解来规范社会成员一生的行为。祖先崇拜维系了传统文化的传承和保护，对于祖先制定下来的规约要坚定不移地执行；整个丧葬仪式庞大而复杂，单凭一个家庭或者几个家庭的努力根本无法完成，需要整个村寨的协同合作，不论是否属于同一房族（兜），在鬼师和寨老的主持下，每个人（家庭）在整个仪式中都占有一席之地，一场葬礼整合了一个村落的社会关系。生活在这样整齐划一的社会环境中，如果不通过调整自己的言行，使自身努力符合社会规范，恐怕会寸步难行；而在整个葬仪中的丧前准备、守灵、守孝无不体现着占里人的孝道，这是儿孙对家人的尊重，也是长辈对晚辈的言传身教，不孝者死后不能进祖坟就是最严厉的惩罚措施。

丧葬仪式能强化村寨的组织关系，加强协作，同时在共同努力完成一件事情的基础上，能更好地协调彼此的感情，加强族人的团结，强化占里人的民族情感。实际上，占里这样的习俗的形成也是长期执行计划生育的结果，村寨内的协同合作也是源于周围环境的客观需要，任何文化的形成都与其环境紧密相关。

小 结

本章通过对占里的婚姻制度、生育制度、命名制度、亲属称谓制度、继嗣制度、赡养制度和丧葬制度的一系列礼俗生活的介绍，围绕人口的出生、死亡等活动，力图对占里的文化制度和传统习俗在调节人口、适应环境过程中所发挥的作用进行分析。本章所运用的是一种静态的结构分析，呈现出占里人的礼俗生活形态。

费孝通先生认为，"乡土社会是'礼治'的社会"（1985：49～

50)。"礼"指的是"社会公认的合式的社会规范"(费孝通,1985:49~50)。如果单论行为规范,"礼"与法律并无二致,但是,二者不同的地方在于维持规范的力量。"法"是要靠国家权力来推行的,而"礼"是不需要"国家"这一有形权力机构来维持的。维持礼这种行为规范的是传统。

占里是一个典型的"乡土社会",曾经一度不存在正规的"权力机构",在很长的时间内也未被纳入国家行政体系之中。控制人口思想在占里社会中确立之后,维系它持续运行下去的恰恰就是"礼"这种行为规范,即传统。在占里社会中,虽然对青年男女婚前的交际没有过多的规范,甚至是对已经结婚但尚未生育、仍处于"不落夫家"中的年轻媳妇也没有过多的要求,但是一旦生育了第一个孩子,夫妻关系就很难破裂。费孝通先生认为,"夫妇不只是男女间的两性关系,而且是共同向儿女负责的合作关系"(费孝通,1981:65)。而在占里,结婚仪式后的青年男女只是形式上的夫妇,只有生育了孩子之后才成为事实上的夫妇,才承担夫妻的责任和义务。稳固的夫妻关系是抚育下一代的基础。占里虽有"形式夫妻"和"事实夫妻"的阶段性差别,但这种差别只延续到第一个孩子的降生为止。而对于那些破坏夫妻关系,特别是已生育子女的事实夫妻关系的行为,占里的传统都给予严厉的惩治。

由于占里是传统农业社会,田间劳动多倚重男性劳动力,所以在生育性别选择上也较为偏重男孩。为了"矫正"这种偏差,占里的文化习俗显示出了对男女性别之间的平等对待,甚至在有些场景下还凸显出女儿的重要性。主要表现在:"子盖父名制"不分男女;继承制度中男女并重;不论儿子女儿都有赡养父母的责任;特别是在丧葬仪式中,为死者穿衣是必须要由女儿完成。当然,这些制度能够运行自如的一个前提就是内婚制的存在。女儿有机会获得和儿子一样的权利,同时承担一样的义务。

礼俗社会的"礼治"状态与杜尔干所说的"社会强制"(obligatory)是有差别的,因为"服礼"可以是自发的,且"礼"对人们的规范并不表现为一种外在的强制力。礼俗生活中的"礼"可以视为秩序、法律与宗教的总和,是一种文化传统。在规约人们行为的同时,"礼"内化为生活的一部分,从而具有了一定的超越性,并构成了"天"与"人"的相互通达,合二为一。这也是中国传统文化所追求的最高境界。

第七章
日用不知：日常教化

在一个鲜有变化的社会里，文化是稳定的，结构是不变的，很少有新的问题产生，生活自有一套传统的方法。"如果我们能够想象一个完全由传统所规定下的社会生活，这社会可以说是没有政治的，有的只是教化。"（费孝通，1985：68）事实上，这样的社会是不可能存在的，但是占里的社会生活可以近似地看作靠近标准的一个教化的生活。教化权力的扩大必须有稳定的文化和结构，而占里由于自然和社会环境的制约，一直生活在相对封闭的、自成体系的小世界中，这样的环境保证了教化的权力：自己的先人和比自己年龄大的人，毕竟经历过自己在生活中所遇到的问题，因此可以成为自己的"师"，他们的生活经验对自己有很强的借鉴性；祖先、年长的人也都具有对自己进行教化的权力，面对这些人的时候要恭敬、顺从于这些人的权力。

教化功能在占里人的日常生活和文化传承中占有重要的位置。因为占里侗族有语言而无文字，他们对习俗和文化的传承，大多凝聚在长者的言传身教，特别是侗歌和侗戏这两种传统的、喜闻乐见的娱乐形式中。通过这种艺术性质的教化，执行计划生育、控制人口的思想融入了日常生活中，人们在生活中不需要特别地注意，而是自然而然地执行计划生育、控制人口。本章从占里广为流传的传说和侗歌入手，分析其中隐含的教化功能。

第一节　教化的主体

所谓教化，是一个互动的过程，其主体分为施与受两个方面，即担负教化的一方和接受教化的一方。在占里，担负教化的主要是老人，接受教化的则主要是生活在村里的男男女女，特别是尚未成年的孩子。

一　长老统治

对于长老统治的特点，费孝通先生归纳为："它既不发生于社会冲突，也不发生于社会合作，它发生于社会继替的过程，是教化性的权利。"而且在这种权利中，不涉及"个人的意志"，人们是通过学习一套先于个人存在的"文化"来感受这样的权利。在"长老统治"中没有政治，只有教化，因此，在乡村中，"教化"有的时候比"法律"更加重要，在乡村里所谓调解其实是一种教育过程（费孝通，1985：65~70）。受费先生的启发，我认为要考察占里社会生活与教化之间的关系，首先应该关注村里担负教化之责的老人们。

在占里，60岁以上的老人普遍受到人们尊敬，被称为"阁老"或"宁老"（主要指男性）。在村寨生活中，最重要的有"四老"，即寨老、鬼师、歌师和药师，他们分别担负了不同领域的教化之责。

（一）寨老

寨老是政治领袖，负责寨内生活的全局性统筹安排。寨老的产生并非世袭，一般由人们公认的德高望重的老人担任。寨老的日常职责主要是负责召集村民共商大事；执行寨规，调解民事纠纷；安排村寨间的社交及村内的娱乐活动。寨老同时兼任小款首，在过去，同款的村寨遇袭求援时，寨老派遣村内的军事力量前往支援，同时代表本村寨出门协商解决寨际纠纷等。寨老得不到任何报酬,没有任何特权,但是在民间社会享有崇高的威望。

寨老处于村寨社会权力结构的顶端,但是这种权力并不是建立在暴力的基础上,而是建立在"无为政治"之上的一种"同意权力"。从社会合作的角度看,人们依靠社会分工,减轻了担子,增加了享受。但是"享受"是有代价的,"每个人都不能自足了,不能独善其身,不能不'管闲事'",因为"如果别人不好好地安于其位做他所分的工作,就会影响自己的生活"。没有人可以任意地做自己想做的事情,而得遵守大家分配的工作。那么,在这个过程中,监督和保障就是必需的,由此生成的"权力的基础是社会契约,是同意"(费孝通,1985:60~61)。寨老就是在这种社会契约的基础上被大家公推出来的监督者,保障每个人的权利都能够得以实现;而大家出于对寨老权力的认同,需要接受寨老的教化和约束。

(二) 鬼师

鬼师是宗教领袖,负责寨内一切祭祀性的活动,帮助人与鬼沟通、联系,是阴阳两界之间的桥梁。鬼师的产生有两种途径:世袭制和自学成才。无论是哪一种形式,都需要从年轻时就跟随寨内的老鬼师学习背诵经文,并学习如何应对各种不同的鬼和如何主持各种宗教仪式,有的时候还要掌握一些驱除恶鬼、治病救人的药草。在日常生活中,鬼师的主要职责是为丧家举行法事,引导亡灵上天;恶鬼作祟村寨导致鸡鸭死亡时,举行法事进行驱赶;村民因为被鬼缠身而缠绵病榻时,与鬼沟通,供奉牺牲,从而使病人痊愈;有的时候,还要给病人施以草药,加快病人痊愈的速度。

在一个崇信万物有灵的群体中,人们对大自然充满了敬畏之情,相信一种看不见、摸不着的力量存在。当人们无法理解某些现象的时候,鬼师作为一个特殊的存在,熟知各种鬼的习性和故事,帮助人们用另一种方式对现象进行理解。人们对鬼师又敬又畏,而这种敬畏源自大自然的神秘莫测。鬼师的工作也没有任何报酬，我在调查中遇到的一个鬼师说："我们就是为人民服务，还是无偿的。"但是，鬼师在世俗社会中享有崇高的地位，这种尊敬不仅表现在仪式中，也表现在日常生活中。2006年我在占里调查时，当时村里最重要的鬼师是公团，已经82岁了。每当公团一个人在村里散步时，迎面遇上的村民无不注意自己的言行举止；村干部在鼓楼召开群众大会的时候，如果公团一出现，刚刚还热闹非凡的气氛一下子就静默下来；公团所到之处，无论多么拥挤，大家也都纷纷主动让出一条道路，甚至没有年轻的姑娘、小孩敢和公团坐在一条长凳上。鬼师的威信源自众人的敬畏，这种敬畏看起来似乎是毫无理由的，但正是这种敬畏维系着教化的功能。

（三）歌师

歌师是文化领袖，负责传承和记录村寨的历史和文化传统。歌师有男女之分，在日常生活中，男歌师负责教男孩子学唱歌，女歌师负责教女孩子学唱歌。歌师是自然产生的，一般来说，都是由那些年轻的时候喜欢学习、善于唱歌并被大家公认唱得好的人来担任。歌师也没有任何报酬，义务性指导和教育占里的孩子们学习侗歌。

> 歌师就是那些唱歌唱得好的人嘛！以前他们（歌师）年轻的时候，都是我们这里（唱歌）最好的；而且他们也喜欢唱歌、敢唱歌，跟别个对歌不害羞；还喜欢跟（那时候的）歌师学习，经常跟这个（歌师）学了又跟那个（歌师）学；他们也聪明，还会自己编侗歌，（所以）后来他们就知道了很多的歌，在我们这里也都有名了。像补噶，我们去"闹姑娘"的时候都喜欢叫上他，他唱歌好啊，让他去喊姑娘开门，姑娘都会开（门）。过节的时候，我们村跟别个村对歌的时候，也主要是喊他们来，因为他们知道得多，知道对哪首（歌）。然后，等他们年纪大了，就有人开始跟他们学歌唱了，他们

就成了歌师了。（要学费吗？）不要送钱的。其实，我们村里有很多歌师，男人也有，女人也有，只要你想学，人家又有时间，跟谁学、什么时候学都可以。

——根据占里村民的讲述整理而成

跟随歌师学习唱歌的时候，大多是以告班为单位，不仅学习歌词、曲调和技巧，还要学习对歌，即知道如果女孩子唱了一首歌，男孩子需要唱哪首歌才算是对上。在调查中，有一位歌师曾经这样告诉我：

"闹姑娘"的时候腊妹（姑娘）可以随便唱，想唱什么（内容）都可以；腊汉（小伙子）则必须要根据姑娘唱的（内容）来对歌；对不上的话，姑娘就可以不开门，就算开了门也可以不理人。

在占里，我曾经跟随几个小姑娘去歌师家里学过一次歌，整个下午除了复习上次学过的一首歌、新学了一首歌之外，都是在讨论男孩子们究竟用哪首歌可以对上新学的这首歌。一个男孩也曾经跟我讲述过学歌的辛苦：

她们女人学唱歌可以随便学，（学）什么都可以，想怎么唱就怎么唱，跟谁学都可以，男的、女的都行；我们男人学歌不行，必须要跟男的（歌师）学，因为我们男人的歌女人不会唱，只有男人才会，她们女人的歌我们男人都会。（为什么呢？）不会（女人的歌）就不知道怎么对（歌）啊！叫不开姑娘的门，也没有姑娘愿意跟你要。不过要是你长得很漂亮，就算不会（对歌），也有姑娘喜欢你。

侗族有语言而无文字①，历史无法用文字记录，只能靠歌传承；侗族人人擅歌，侗族聚居的地区也被称为"歌的海洋"。费孝通先生认为，"文字所能传的情、达的意是不完全的"，因为"我们所要传达的情意是和当时当地的外局相配合的"，"文字之成为传情达意的工具"常有无可补救的"缺陷"（费孝通，1985：11）。侗族的歌曲则没有这方面的问题，它形式灵活，可以随时根据需要进行修整，更好地表达情意；在历史的传承中，可以适当修正与现实情况不太适应的部分，使其更好地为现实服务。占里的歌师作为传统文化传承者的角色，为了更好地发挥教化的功能，可能会适当修改"历史"。可以说，占里的"口传历史"是否就是真正的历史已不可知，但是一定是最适合传承和用于教化的历史。

> 你从歌师那里听来的故事，有很多都是他自己编的，不是真的，也不是我们祖先流传下来的。其实，现在我们知道的很多故事，有些也是以前的歌师编的；我们唱的歌，有很多也是歌师编的。你知道，小黄现在那么出名，也是因为刚"开放"②那会儿，村里几个老歌师搜集整理了很多侗歌，所以他们那里的人现在才会唱那么多歌，我们这里以前也有很多歌，（不过）大家都不记得了。
> ——根据占里村民的讲述整理而成

可见，歌师的权力源于他们掌握文化和历史，并能够在历史的传承中留下自己的痕迹，例如整理编辑"侗歌"和"历史"，虽然托了祖先的名字，但实际上，每一个时代流传的文化传统都是这一代歌师们集体智慧的结晶。

---

① 也有占里老人说以前他们是有文字的，后来因为长时间不用，就忘记了。
② 指的是20世纪80年代初期，"文化大革命"刚刚结束，中央政府提出改革开放的时候。

（四）药师

药师是医药专家，负责为村人传授医药知识，解决疑难杂症。虽然占里人相信，身体上的不舒服是由于有鬼在作祟，但是有时候也会服用一些草药以改善症状。如果最终病痛能够治好，则归功于鬼师的法事，治不好则认为寿数如此，阎王早定，不可强求。

虽然根据我在调查期间看到的事实和查阅到的资料，占里的药师都是女性，但是据占里人说药师也有男女之分。女药师从小学习医术，但是必须到了中年以后才能给人用药，她们的职责是：给即将结婚的男女青年讲授生理、生育和节育知识；给怀孕的妇女做定期检查并接生；给避孕失败的妇女做人工流产和引产；给需要避孕绝育的妇女、男子发放中草药；等等。男药师则更加神秘，我有一次在鼓楼前的群众大会上遇到一位老人，当时跟我在一起的翻译告诉我，这位老人就是一位男药师。

> 别人告诉你们说药师都是女的，知道换花草的药方，其实都是骗你们的。你就算去找她们也没有用，她们根本就不知道换花草的秘密。其实，我们这里除了女药师还有男药师。女药师知道一般的草药，像避孕药、打胎药、绝育药等；换花草只有男药师才知道。不过人家不会跟你讲，你去问，人家也不会说。这是秘密啦。
>
> ——占里村民，我的侗语翻译

不论如何，药师用他们掌握的医药知识从技术上保证了占里人可以长期执行计划生育、控制人口而不必"降低生活水准"、压抑个人欲望以致付出"高昂代价"（哈里斯，1988a：3~4）。

二 被教化者

占里的老人，主要是"四老"，担任了教化的职责，那么他们教化的对象又是谁呢？通过田野调查，我认为，教化的对象为全体占里的村民。孔子曾经说过:"有教无类。"意思就是说,无论什么人,不管是贫富、贵贱、智愚、善恶,都可以受教育,都有受教育的权利。在占里,这个理念被贯彻得相当彻底。正如费孝通先生所言:"教化过程是替代社会去陶冶出合于在一定的文化方式中经营群体生活的分子。担任这工作的,一方面可以说是为了社会,一方面可以说是为了被教化者",而且在这样的过程中,人们不免要"活到老,学到老"(费孝通,1985:67~68)。所以,从当地人的生活来看,被教化、服礼、尊老实为一种"修身",是不依赖于外部权力的一种社会规范。而对于个人来说,遵从这种规范,是发自内心的一种主动行为。这也就可以解释,在我问占里人为什么要遵从祖先的训教,执行计划生育、控制人口时,他们一脸茫然地回应——对于他们来说,控制人口已经是生活的一部分,很难分得清哪些是自主的,哪些是被教化的,甚至他们也从未想过为什么要执行计划生育,那是他们生活的一部分。要生活,就必须要喝水、吃饭,至于动机,倒是其次的了。在他们看来,反而是我这个频频询问他们动机的人,显得"动机不纯"了。

第二节 教化的方法

费孝通先生在《乡土中国》一书中指出,"说孩子们必须穿鞋才准上街是一种社会契约未免过分,所谓社会契约必先假定个人的意志。而在教化的过程中并不发生这个问题,被教化者也没有选择的机会,他所要学习的那一套,我们称作文化的,是先于他而存在的。我们不用'意志'加在未成年的孩子的人格中,就因为在教化的过程里并不需要这种承认"(费孝通,1985:66)。换言之,在占里所体现出来的社会规范中,强调"人"应该被"文"所"化"。而在这样一个"化"或者说"濡化"的过程中,占里人对"四老"的推崇和尊敬,体现了人们在日常生活中一种主动的被"教化"。

所谓"教化过程",其实就是文化传统与传统文化沿袭的过程,是一个社会继替的过程。在开始分析这个过程之前,我们先来区分一下"文化传统"和"传统文化"这两个概念。

"文化传统"即传统,是支配整个民族的一种习惯势力和精神力量,是一种集体的潜意识,是在历史的长河中,由一代代人传承下来的,它支配着现实中人们的思维和行为,时时刻刻影响着现实文化的发展。人们遵循它行动,但又很难意识到它的存在。文化传统是千百年来文化发展积淀的结果,具有强大的习惯势力,是文化发展的基础和动力(陈国强等,2002:128)。

"传统文化"是指在一个文化群体内通过思想、意识、价值观念、习俗及制度等形式保存下来的文化,是由历史形成的。埃里克森在《俗民生活研究》中认为:"在所有的社会阶层中,都有可能发现相当分量的、往往是传袭下来的,并且至少是个别地同化及消化了的文化,就是传统文化。事实上,俗民文化就是活生生的传统文化。"传统文化主要是针对文化上的特质而言。一个民族传统文化的形成,往往与该民族所处的地理环境、经济结构、政治制度等具有密切的联系。它具有历史性、普遍性、延续性以及变异性等特点(陈国强等,2002:147~148)。

也就是说,占里人在特殊的环境中形成了特殊的传统文化,这种文化经过世代传承(教化),内化成了文化传统。虽然人们并没有意识到它的存在,但是它实实在在地影响着人们的生活。本章将分析文化的传承方式及过程。

一　对未成年人的教化

在占里,对未成年人的教化主要是通过歌师来施行的。前面已经说过,歌师是占里的文化领袖,肩负着文化传承的责任。歌师传承文化的方式主要是教授侗歌。

侗族是一个擅歌的民族,日常生活也离不开歌,以歌传情,以歌记事,以歌交友,因此有"饭养身,歌养心"的俗语。

在占里，还不会说话的小孩子就是听着妈妈和奶奶的歌声长大的，虽然尚且不明白歌中的含义，但听得多了，有时候也能够随着哼唱几句。四五岁的时候，经常在一起玩的小伙伴们结成了告班。一般来说，一个告班就是一个歌队。因告班而联系在一起的孩子们，在以后的人生旅途中，会一起经历许多事情。大概七岁的时候，孩子们就开始以告班为单位，跟随村里的歌师学习侗歌。学习的时间一般在晚上，男孩子跟随男性歌师，女孩子跟随女性歌师（见图7-1）。

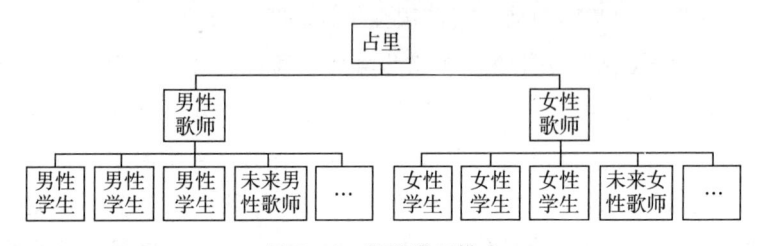

图7-1 侗歌学习模式

歌师教的侗歌，除了表达自然景色、男女爱情、日常生活的内容之外，有的时候也会涉及一些有关村寨历史和人类起源的内容。以下为我在田野调查期间记录的一些颂唱频率较高的侗歌。[①]

①在娘家的时候想做什么就做什么，结婚以后就没有娘家那样的生活了。

②春天桃花开了，到了八月的时候结了果，我们大家一起去摘果子。

③想情郎的时期，我俩相爱但一辈子不能在一起，只能在心里想你一辈子，因为婚姻大事是父母亲做主。

④我像蝉一样唱歌，大家一起来。蝉的声音好听，我们

---

① 侗歌，顾名思义，就是用侗语演唱的歌曲。因为我不太精通侗语，歌词基本上是由演唱者翻译。由于演唱者年龄比较小，大多翻译水平不高，只能译出大概意思。本书在整理记录的过程中未加任何修辞润色，保留了翻译者的原译。

的生活美好，歌声动听：歌唱我们的青春，歌唱我们的爱情。

⑤瀑布旁边的风景多么美好，有水，有树，还有各种美丽的石头，让我们一起去那里玩吧。

⑥你到我这里来，我心里很高兴。可是我已经结婚了，有老婆了，我不想爱我的老婆了，我想去爱你。

⑦你早早当了妈妈，背后还背着一个娃娃。看到一个漂亮的腊汉过来，你又闹不了人家，也不能去找他。

⑧十八岁的时候做腊汉可以随便找姑娘、吹芦笙，到老了①之后就不行了，吹不得芦笙了，姑娘也不喜欢你了。

通过以上这些侗歌的学习，孩子们从小就体会到自然的美好，从而养成热爱自然、尊重自然的观念；侗歌中歌唱了爱情的美好，指明早婚、早育的害处，使孩子们意识到晚婚、晚育的必要性。这些侗歌扎根于占里人的生活中，产生的影响也许连占里人自己也没有感觉到。这就是传统潜移默化的力量，文化成为生活的一部分，人们在自觉或不自觉中遵循它而行动。

二 成人仪式上的教化

如果说对未成年人的教化是自然教育的话，成人仪式上的教化就是一种强调教育。

成人仪式一般由寨老和各兜的蒙高（族老）主持。人类社会生活的许多重要场合都是以仪式为标志的，诸如达成新的契约，缔结或解除同盟，新政体的诞生，权力的正常交接，个人或社会从一个发展阶段进入另一个发展阶段，等等。通过仪式，可以调整人与自然、个人与个人、群体与群体之间的关系（陈国强等，2002：218）。日本人类学家青木保认为，仪式具有动物性、社会性和超越性（象征性）三个等级。他指出：仪式的功能，一是举

---

① 占里人认为，有了孩子，人就"老了"。

行仪式的人希望仪式能够对外部世界产生影响；二是参加仪式的人希望增加自己的经验（青木保，2006：158）。占里的成人仪式就是长者（主要是寨老和蒙高们）对即将步入社会生活的年轻人的一次教化活动：长者希望年轻人能够遵照传统文化；年轻人希望能够从长者那里获得更多的生活经验。

在仪式上，寨老念"斗煞"词，叙说祖先们迁移的艰辛以及好不容易到达占里所历经的种种波折，要求成为村寨一分子的青年人要继续遵守祖先的教诲，严守祖先所制定的六条寨规，特别是要执行计划生育、控制人口。最后，长者们和参加成年仪式的少男少女们一起喝血酒，发誓绝不违背祖先的教导，如果谁违背自己的誓言，不仅会被罚款，如果屡教不改还有可能被赶出村寨。

整个仪式庄严肃穆，虽然几乎全村的人都集中在鼓楼坪前的空地上，但当聆听寨老念"斗煞"词的时候，村民们一片寂静；当回答寨老的提问能否遵守"六条"的时候，村民们异口同声。这种仪式，不仅对即将迈入成年人门槛的少年们是一种震撼教育，对已经成年许久的中年人也是一次再教育。

> 我每年都会参加八月初一①鼓楼宣誓。每次，寨老在那里讲"六条"的时候，我都会回答（是）。我们占里能够搞这么好，连外面的人②都羡慕我们，那是我们祖先的功劳。因为我们一直控制人口，所以我们比别个地多，粮食也多。以前，他们都来我们这里讨饭吃，我们从来没有过（这样的事情）。
>
> ——占里村民

---

① 占里的成人仪式在农历八月初一举行。这一天不仅举行成人仪式，还要举行纪念祖先到达占里的仪式，还是新米节，非常热闹。在鼓楼前共襄盛举的不仅有占里本村的人，还有很多从外村过来占里做客的人。举行仪式的时候，大家都会聚集到鼓楼前。占里人俗称这一天是"鼓楼宣誓"：宣誓遵守"六条"。
② 以前指的是来占里做客过节的周围村寨的侗族，比如托里人、邑扒人等；现在，从江县政府和高增乡政府将占里作为一个旅游景点推广，通过大家宣传，也吸引了不少游客和研究者来到占里。这里的"外面人"泛指非占里居民。

三　对成年人的教化

与对孩子的教化相比，对成年人的教化显得相对困难。因为教化的过程是代替社会陶冶出适合在一定文化中经营群体生活的个体。面对世界观和价值观尚未形成的孩子时，教化相对容易，因为孩子还未形成一个"社会契约"的前提；而面对成年人时，教化显得相对无力，因为成年人有自己的价值判断和道德标准。所以，在对成年人的教化中，占里采取了一种"就事论事"的针对性策略。

（一）寨老的调解

一旦成年人之间发生争执，则需要寨老或者族老出面进行调解。当然这种调解并非依靠什么法律制度，更多的是依靠一种乡规民约，或是我们称为"礼"的道德评判，以及作为调解人的老人权威。

占里是一个流动性小的封闭社会，长时间的内婚制使村内各家各户之间都有多多少少的亲戚关系。在这样一个社区中，矛盾和仇怨解决比较容易，更多地采用一种遗忘的方式。

> "文革"那时候，村里的矛盾可尖锐了。斗来斗去的，都是政治任务啊！现在，大家也都忘了，不忘还能怎么样呢？现在，村里两家闹意见的也有，不过我不知道，这么丢脸的事情呢，还怎么好意思说呢！有寨老在呢，真有不能解决的，寨老也会出面的。不遵守计划生育的肯定没有啦，要是有的话，寨老和阁老们早就出面罚他的银子，撵他的牛了。
>
> ——占里村民

（二）鬼师的权威

日常生活中，鬼师的权威也许不易体现，但是当生活中有不和谐音符出现的时候，鬼师的作用就凸显出来了。生病了，久治不愈，找鬼师；家里有人去世了，肯定要找鬼师；最近做事情不太顺利，家里总是出现一些乱七八糟的事情，更要找鬼师。这样看来，鬼师在生活中真是一日也离不了。

占里社会相对封闭，现代思想较少传入，用一位教师（占里人）的话来讲，"我们这里的人还是很迷信的"。那么，占里人是不是都相信有鬼的存在呢？也不尽然。对于鬼这种看不见、摸不着的东西，就连鬼师也不能肯定它一定存在，但是谁也不能由此否认它的存在，特别是生活中出现异常的时候：是不是鬼在作祟呢？由此，我想到了在日本期间曾经跟一位日本学者谈起日本的宗教信仰问题，这位学者告诉我："日本现在无神论者越来越多，但是元月初诣①的人一点也没有减少。其实，日本人所谓的宗教心并不是消失了，而是融进了生活中，平时看不出来罢了。"我认为，占里的情况也大同小异，经过新中国成立初期的历次运动，政府的反封建、反迷信工作可谓卓有成效，大家平时也都标榜自己是无神论者，但是在日常生活中又处处留心留意。占里人虽然口口声声说自己不相信鬼的存在，但是家里有丧事还是要请鬼师帮忙，久病不愈还是要请鬼师来抓鬼，病好之后认为是鬼师的功劳，而否认医药的效果。但是，也正是占里人"迷信"，才成就了鬼师在日常社会生活中的权威。鬼师的一些意见和建议也得到了大家的尊重和采纳。尤其在成年人的生活中，鬼师具有不可替代的作用。

（三）药师的手段

在占里，说到药师大多与生育现象关联起来，且不说是否有换花草的存在、这种神奇的药方究竟掌握在谁的手中，就说药师手中的避孕药和堕胎药，如果真的有传说中那样神奇的疗效，那么他们在占里的人口控制中也是居功至伟。

马文·哈里斯认为，异性恋爱是我们种族延续所依赖的一种

---

① 指日本人在1月1日去参拜神社、寺庙，参拜时通常捐些香火钱，并且祈祷神明保佑家人无病无灾，家运昌隆；参拜后，也有许多人抽签占卜，请求符箓和护身符。

遗传学上规定下来的关系，那么，人口控制通常是一种代价高昂以致痛苦的过程，是个人压抑的一个根源（哈里斯，1988a：3~4）。据说，占里的药师掌握三种药：堵药、去药和换药。

> 堵药，顾名思义，就是避孕药。占里不仅有女性使用的避孕药，还有男性使用的避孕药。在女方排卵期，夫妻同房之前只要喝一口煎熬的草药，既能让女性体验性爱的快乐，又能达到避孕的目的。据县卫生局的介绍，这些草药比国家提供的长效、短效及紧急口服避孕药的功效"不知道要强多少倍"。老人们说，有些药物吃上一次就可以终生避孕。如果孩子遇到了不幸，药师还有一种解药，帮助夫妻实现他们的希望。去药，也就是使妇女流产的药，多用在流产手术中。妇女怀孕的单月，即3、5、7个月时，如果她不想要这个孩子了，就可以去找药师。药师把一种特别的药棍，长12~13厘米，插进她的阴道，外面留出来二三厘米的样子，再给她吃下一点点药。到第二天早上，她肚子里的孩子就跟着药棍一起掉下来了。如果妇女流血过多，还要给她吃一些补血的药。换药，就是广为流传的"换花草"，据说它可以改变胎儿的性别。占里的药方都是极其保密的，除了少数人之外，即使是占里本寨的人也不得而知。
>
> ——由从江县卫生局提供

在人口控制的问题上，最难解决的就是技术问题。控制人口数量最有效的方法之一是节制生育，而节制生育的办法之一就是避孕。为了达到避孕的目的，各民族都发明了许多行之有效的节育手段。如蒂科皮亚岛民就采取了性交中断的方法来避免妊娠。[1]

---

[1] 《蒂科皮亚岛》，和讯读书，http://data.book.hexun.com/chapter-3544-2-5.shtml，最后访问时间：2011年5月14日。

产后一段时间杜绝性生活，是各民族最经常采用的避孕手段，如巴西的雅诺玛莫人有禁止丈夫与怀孕的以及哺乳的妻子发生性关系的习俗，而婴儿的哺乳期长达三年或更久（Chagnon，1977：75）；印度北方的拉杰普特人也很小心，习俗要求丈夫在妻子分娩两年之内遵守性禁忌（Minturn and John，1966：98）。当避孕失败的时候，还要依靠流产和杀婴来控制人口数量。如孕妇故意搬运沉重的东西，从高处往下跳，用肚子去撞墙，等等。无论如何，流产或者杀婴都是需要付出沉重代价的痛苦过程，但是在避孕技术不发达的地区，又不得不为之。

占里药师掌握的三种草药，从技术手段上解决了控制人口增长的难题。虽然每个民族都有自己独特的节育手段，但是，如果在需要付出高昂的心理代价才能够降低人口增长的情况下，人们多半会选择其他的方式，诸如提高生产力来解决人口与环境之间的矛盾（哈里斯，1988a：4）。而药师掌握的草药，不仅可以有效地解决各种人口控制过程中产生的问题，而且可以减少人们的痛苦和心理负担，为控制人口思想的实现提供了保障。

第三节 计划生育的教化

本章中的前两节分析了在占里教化的主体和方式，本节将分析占里的传说、故事和歌谣中所隐含的人口控制的相关内容。通过对占里流传的故事文本的考察，我发现，占里对计划生育、人口控制的教化主要从自身经验和反面教训两个方面展开。

一 自身经验

占里人控制人口思想产生的直接因素源于他们的自身经验。

> 我们伺家祖先，就在梧州那里。
> 住在梧州那里，人丁实在兴旺；

住在梧州那里，人口连年发展。
父亲这一辈，人满院坝闹嚷嚷；
儿子这一辈，人口增添满村庄。
姑娘挤满了坪子，后生挤满了里巷。
地少人多难养活，日子越过越艰难。
树丫吃完了，树根也嚼光。
不能困在这里等饿死，祖先召集众人来商量。
大家相约出去，找那可以居住的地方。

——占里古歌

先前，我们的祖先居住在江西。那时候人多地少，仅有的土地根本养不活所有的人，地方真是太穷了，人们生活也特别恼火（穷困）。后来，我们的祖先只好开始迁移。

——占里人归纳的祖先迁移的原因

我们从下面（广西梧州）逃（难）跑到这个上面来住，中间跑了好几个地方，最后落到这个地方，安居乐业。然后就开始砍树、开荒。人越来越多，开出的（旱）地和（水）田也越来越多。后来发展到一百五十户、七百多人口了。……而在寨子山上的田土、山坡，合（适）开地的都开完了，合（适）开田的也都开完了，再想去开田（地）也没得地方了，水也不够了。

——占里人归纳的人口控制的直接原因

可见，占里人的祖先之所以背井离乡、四处漂泊，主要原因就是人口发展与环境资源之间存在矛盾。当矛盾再也无法调和时，占里人的祖先只能放弃原本驻地，重新寻找新的家园。经历了充满痛苦的迁徙历程之后，当重新面临人地矛盾的时候，占里人不想再重新走祖先走过的老路，他们渴望安定的生活；而资源又确实有限，无法承载更多的人口。当无法改变环境、资源这些客观条件的时候，就只能从人这个可控制的因素入手——控制人口增殖，适应环境、资源。这也是占里人通过观察身边的自然得出的结论。

> 占里村是一条船，多添人丁必打翻。
> 祖公原地盘好比一张桌子，人多了就会垮。
> 一棵树上只能有一窝雀，多了一窝就挨饿。
> 一张桌子四个角，多坐几个人桌子就会塌。
>
> ——占里古歌

通过观察身边的自然和动物，占里人确定了控制人口的观念，那么具体又该怎么做呢？

> 在清朝中期，寨老们立下寨规：全寨不能超160户，人口不能超过700人；有50担稻谷的夫妇可生两个孩子，只有30担稻谷的夫妇只能生一个孩子。这一主张经过全寨人在鼓楼前集体讨论后，各个都同意。然后，寨老带领大家在鼓楼宰猪喝鸡血酒盟誓，坚决执行，永不反悔，如有违规者，罚他的银子、撵他的牛；再不悔改，就将其逐出寨门。后来又有一个寨老召开群众大会，在他主持和讨论下，改定为一对夫妇只能生两个孩子，一男一女。
>
> ——占里人记忆中人口控制的办法

在流传的故事和古歌中，占里就是这样一步一步确定了人口控制的思想和计划生育的方法。而这些故事和古歌广为人知，深入占里每一个人的心中，化成生活中的一部分，让大家自觉遵守。

二 反面教训

占里人看到的第一个反面教训恰恰来自自己的祖先。古歌中唱道，以前祖先们居住在梧州，后来因为无节制的人口发展，导致故乡无法居住，"地少人多难养活，日子越过越艰难"，迫不得已，只好走上逃难的道路。这一历史在占里流传的故事中也有详细记载；在每年八月初一和二月初一——占里最重要的两大祭祖日——时寨老还要给全寨的人详细讲述祖先的这段经历。经过不断强调和反复，可以说，这段痛苦的经历深深地印在占里人的心中。

> 我们的祖先就是因为人多地少才不得不逃难的，沿途受了无数苦难；现在我们能够在占里安居乐业，真是不容易，我们一定要好好控制人口，不能再跟祖先一样（流离失所）。
> ——一名占里少年的看法

占里人看到的第二个反面教训是居住在附近的付中苗寨。付中人比占里人早来到这块土地上进行开垦，当占里的先民到来的时候，付中寨经过了长时间的发展，已经是一片欣欣向荣之景，寨子规模大、人口多、力量强。为了求得付中苗族的支持和庇护，当时力量尚小的占里和付中结为兄弟关系，相约永世之好。这可以从占里鬼师公阳海讲述的下面这个故事中看出。

> 我们先是从江西迁到了梧州，然后才到贵州。在逃难的过程中，一个母亲带着同母异父的两个兄弟，哥哥是苗族的，姓孟；弟弟是侗族的，姓吴。这两个兄弟的性格很不相同，侗族的弟弟很爱打猎，苗族的哥哥则不喜欢。在逃难的过程中，弟弟经常去打猎，在一次去森林打猎的过程中，就听到了人的叫声，顺着人的声音，兄弟二人就来到了黎平的四寨

地区居住。在这段时间里，兄弟二人受到了各村各寨的驱逐，最后不得已从黎平跑了出来。后来，苗族的哥哥到达付中，并在那里定居下来；弟弟则带着狗继续往森林深处打猎，并找到了一块比较平坦的地方，定居了下来。这个弟弟就是我们的祖先了。

但是，付中的风光并没有维持太久，一场瘟疫的到来打断了发展的步伐。自那以后，付中一蹶不振，村寨的规模也基本维持在不大的范围内。

> 你不要小看付中那个寨子，以前它（范围）可大了去了，人口也多，是我们这一块儿数一数二有名的。可是，他们人实在太多了，卫生也不好，住的地方又窄，还没有水。后来，来了一次瘟疫，好像是天花吧，他们又不会种牛痘，所以，那一次就死了好多人。我们也怕啊！不知道为什么那么大的寨子一下子就没了，要是我们也跟它（付中）一样，不控制人口，会不会我们最后也成了他们那个样呢？所以，寨老说要搞计划生育，我们也都同意了；不光要搞计划生育，还要注意卫生和水。
>
> ——鬼师公阳海

占里人看到的第三个反面教训是周围的其他侗寨。占里人因为自觉控制人口、平衡人地关系，一直以来都是因为地多粮多而闻名。新中国成立前，经常有周边侗寨的人到占里来讨饭吃。占里人一方面为自己粮多而骄傲和自豪，另一方面也时刻提醒自己：如果不搞计划生育，不控制人口，后果就是要外出讨饭。

我们的祖先们在周边的山上不断开垦，又拿银子买了旁边村的许多田，像我们村那边，有一大片田是跟邑扒买的，现在跟邑扒的田挨在一起；还有另外溪头那边的田，也有一大片是跟黎平那边买的，因为太远了，我们现在都把它租给黎平人种了，到时候去收糯禾就行了。（为什么你们自己不种呢？）太远了嘛，走过去累死了；我们也不想去种，还不如租给人家去种呢，到时候我们收一点米就可以了。祖先为我们留下了一大片田地，我们后来又开始控制人口，生活一直都很富裕，粮食也多，没有饿饭过。每家的禾仓都是满满的，就算连续两年年景不好，颗粒无收，也不用担心米不够吃。周边的村，像朝里、托里、小黄，以前经常来我们这里讨饭的。我们看他们可怜，也经常给他们一些吃的；有时候，他们还来我们这里偷东西，偷鱼吃。可怜啊！饿饭嘛！你别看我们占里人口少，因为田多，在旁边几个村子里说话也是有分量的。以前只要我们说，他们都是听的。（为什么呢？）我们田多啊，粮食也多，比他们都多，他们不敢欺负我们的。

——鬼师公阳海

看到这三个反面教训，占里人更加坚定了执行计划生育、控制人口的决心。毕竟"人会生崽，地不会生崽"，如果放任人口的增长，就会导致人地之争，其结果只会害了自己。

小　结

本章对占里的"教化系统"进行了一个较为全面的考察，试图从当地人一些用于传承文化的传说和古歌的内容出发，深入理解这个特殊村落中所蕴含的伦理道德和社会意识。考察的焦点集中于"教化的方法"与"教化的原因"，前者从针对未成年人的教化、成人仪式和成年人的教化三个方面展开，后者则是说明施行计划生育的教化源自占里的自身经验和周边村寨的反面教训。二者共同组成了占里的教化系统，使控制人口的思想成为占里人生活中的一部分：

不用特别强调，只要人在这里生活，就会有意或无意地遵守。

为了说明占里重视人口控制理念的原因，我们需要先来分析占里社会的历史背景和历史变迁。今天生活在占里这片土地上的侗族是迁入民族。传说占里人的祖先由于人口的过度膨胀失其"位育"而被迫从原来聚居的地方迁移出来，开始了寻找新家园的艰难历程。迁移的过程充满了苦难，"后生弓腰背纤索，汗水如雨洒河滩，为了找到安身处，不怕逆水行船难"。[①] 这段苦难的记忆通过代代相传的古歌，深深烙在了占里人的脑海中。历尽千辛万苦，占里的祖先们终于找到了占里这块安身立命的地方。经过一段时间的发展，占里开始变得人丁兴旺。由于人丁增加的速度远远大于资源开垦的速度，占里出现了人地之争，"女争金银男争地，兄弟姐妹闹不停"。在这种情况下，占里的寨老提出了控制人口的思想。由此可以看出，占里人口控制思想的出现，在很大程度上源于对自身经验教训的总结：祖先因为人地之争而不得不背井离乡，在迁移的过程中受尽磨难，所以，为了协调人口与资源之间的不适应，在不愿意迁移的情况下，只能自觉控制人口数量的增长。

在教化的方法上，占里人讲究从孩子开始，从基本的生活开始。占里的孩子从小就跟随父母学习唱歌；长到一定年龄后，男女分别跟随年纪较大的歌师学习唱歌。侗歌的内容多涉及与自然的和谐相处和村内的乡规民约，孩子们在学习唱歌的过程中，自然而然地受到了传统文化的熏陶。这种教化，直接影响了他们今后对生活的态度。在占里的成人仪式上，所有步入成年人行列的占里人还要接受一次强化教育：跟从寨老和鬼师喝血酒，发誓遵守计划生育，只生一男一女两个孩子。成人之后，进入生育期的占里人，在制度上接受寨老和族长的监督，在行为上得到药师的技术支持，自觉贯彻执行计划生育。

---

① 《榕江诗歌》，贵州旅游在线，http://www.gz-travel.net/zhuanti/rongjiang/shige/200612/3318.html，最后访问时间：2011年5月14日。

结语
安所遂生

占里是一个人口总数一度被控制在700人的村寨，位于贵州省黔东南苗族侗族自治州的大山中。若不是新中国成立后的惊天巨变，若没有追捧"换花草"的热潮，也许占里人还在悠然地过着"山中无岁月"的日子。研究这样一个村寨，对我国这个拥有14亿人口的大国究竟有多大的借鉴意义？我曾经一遍又一遍地问自己。虽然有研究者将"占里模式"提到一个国家的高度，政府也将占里树立为"中国人口文化第一村"的典型。但是我认为，在强调效果的同时，更要思考背后的原因。讲究"因地制宜""因材施教"，大抵也就是这个意思吧。

在研究的过程中，我不断思考的只有一个问题：占里为什么要控制人口？答案显而易见。第一，占里的祖先因为人多地少而被迫离开家园；第二，四处寻找新的乐土的过程中充满了苦难，而这些苦难深深地烙在占里人的脑海中；第三，占里环境相对封闭，资源有限，在当时的技术条件下，不可能承载更多数量的人口。在这样的条件下，开发整合资源不可能，向外迁移人口不愿意，摆在占里人面前的只有一条路：控制人口，走计划生育之路。于是，在传说中的英雄人物——寨老八宾和那云的带领下，全村人在鼓楼盟誓，坚决控制人口。

其实，控制人口的思想在古代中国早已有之，老子"小国寡民"的思想，韩非子"人多则货财寡"的观念，从不同的角度出发，提出了控制人口的思想；清代则更加明确地认识到"人口过剩"的危机，提出了晚婚节育的主张。但是，观念的提出并未阻挡人口发展的步伐，特别是新中国成立以后，人口发展突飞猛进，虽然期间提倡控制人口的声音一直没有间断，但是现实是人口并没有得到有效控制。全国范围内实行计划生育政策以来，虽然人口在数量上增长速度放缓，但是人口结构上又出现了问题：性别比偏高和老龄化加快，没有一个是容易解决的。

那么，占里又为什么能够控制人口呢？经过研究，我发现：第一，占里的社会秩序为人口控制思想的推行提供了结构上的保障；第二，文化习俗作为传统协调、控制了人口过程中所涉及的问题的各个方面；第三，日常生活中潜移默化的影响使人口控制思想内化为人们生活的一个部分，而非需要强制执行的政策或制度。也就是说，不是要占里人控制人口，而是占里人要控制人口。通过对人口的控制，占里人与生态环境之间达到了天人和谐、生生不息的状态。

人类文明发展到今天，生态哲学成为国内外学者普遍关注的问题。我国古代的"天人合一"思想，从人与人之间的和谐、人与社会之间的和谐扩展到人与自然之间的和谐。儒家的基本态度是与自然共生共存。儒家文明自觉地把人的存在和自然环境结合在一起，把自然环境作为文明的一个重要因素来考虑，认为人对天地万物承担着道德义务，所以，儒家哲学从来不把人置于自然的对立面，而是注重二者的和谐。孟子认为，人类的一切生活资源均源于自然界，人类依靠自然界所提供的资源而存活。荀子则希望达到"万物皆得其宜，六畜皆得其长，群生皆得其命"的和谐状态。在儒家学者看来，人与自然界不仅有外部的依存关系，而且存在一种内在的统一关系。自然界是和谐的统一体，有其固有的秩序，其和谐的破坏，皆由于人没有顺应自然。所以，人必须要敬畏天命，遵循自然的发展变化规律，节制欲望，有限索取，尊重生命，博爱万物，以期实现人与自然的共生共存、和谐共处。

儒学体系中具有统摄性的伦理观念就是"中和位育"。"中和位育"四个字，最早见于《中庸》。《中庸》第一章曰："喜怒哀乐之未发谓之中，发而皆中节谓之和。中也者，天下之大本也；和也者，天下之达道也。致中和，天地位焉，万物育焉。"后世儒家学者据此提出"中和位育"之说。在儒学中，"中"主要是一种哲学范畴，有"中正""天理""适度"等意思。相对于"中"而言，"和"更多表现为一种方法论和境界论。"和"是指矛盾对立双方的有机统一，也就是说，矛盾对立的双方彼此依存地处在同一个共同体中即"和"。朱熹认为："位者，安其所。育者，遂其生。"（朱熹，1983：18）也就是说，"位"可以引申理解为"秩序"，"育"可以引申为"发展"。儒家"位育"的思想，本身就包含着对秩序的渴求，对发展的期盼。因而，"位育"便是在重视秩序并建构良好秩序的基础上求发展的道理。所以儒家讲的"位育"，从根本上说，指的是要遵循事物的客观本性、顺其自然的本然状态求其发展的道理。

儒家的"位育"概念后来被潘光旦先生借鉴，他结合生物学观点来解释环境与生物之间的"适应"关系，即"位育论"。潘先生在解释"位育"这一概念的时候指出："适应的现象有两方面：一是静的，指生物在环境里所处的地位；二是动的，指生物自身的发育。地位和发育的缩写，便是'位育'。"（潘光旦，1997b：1）"社会的位育有两方面：一方面是位，即秩序，秩序的根据是社会分子间相当的'同'；一方面是育，即进步，进步的根据是社会分子间适当的'异'。"（潘光旦，1994：49）"以前把位育叫作适应，毛病就在太过含有物体迁就环境的意思；而根据适应的概念想来解决问题的人，所以便不健全，所提的解决的办法，也就不适当。"（潘光旦，1997c：36）潘先生认为，讲位育要有两个条件:一个是生物的个体或团体;另一个是这个体或团体所处的环境。世间没有能把环境完全征服的物体,也没有完全迁就环境的物体,所以结果总是一个协调,不过彼此的让步的境地有大小罢了(潘光旦,1997c:36)。

从中国古代哲学中的"天人合一"到潘光旦先生的"社会位育",我们发现,二者都强调了人与自然之间的主客交融,即主体和客体之间没有明显的区别,人与外在的世界处于和谐一体、相互沟通的状态。这也是其与西方学者在处理人与自然关系时的"主客二分"观点所截然不同的。张云飞认为,中国的传统文化蕴含了生态哲学内涵,富有审美情趣的意识和思维,可以将人与自然协调起来,是可持续发展的思想基础(张云飞,1999:257)。而这种可持续发展就是一种"位育"的过程。潘光旦先生认为,"中为天下之大本,和为天下之达道,而实践中和的结果,便是天地位而万物育,便是一切能安所遂生"(潘光旦,1997a:246)。可见,中和位育,安所遂生,是传统文化追求的理想境界。

当然,在现实的生活中,这种"安所遂生"的境界并不容易达到。例如,人与自然环境之间的关系,虽然传统文化一直在强调敬畏自然,但在可能的情况下,人们依然希望能够战胜自然,以获得更多的生活资源。完全沙漠化的楼兰古城,水土流失严重的黄土高原,都是"失其位育"的结果。而出现这种"失其位育"的状况,除了战争等原因之外,可能更多的是源于人口增长与环境承载之间的矛盾。马文·哈里斯认为,人口的增长迫使社会的退化,为了获得更多的食物以供养新增的人口,人民不得不改进生产技术,于是新技术产生,社会发展。直白来说,人口增长,是社会进步的直接动力(哈里斯,1988a:16~26)。那么,是不是既然人口增长是社会发展的必要条件,人口不增长就是社会的停滞,人口减少就是社会的倒退呢?马文·哈里斯恰恰是反对这一点的,他认为,人类竭尽全力阻止人口的发展,尽管人口繁衍是一种自然的常态,因为在新技术产生之前,人口的增多意味着生活水平的下降——用潘光旦先生的话来说,是一种"失其位育"。

  从占里的调查和研究来看,在实现人口控制政策以后,人口规模大致维持在一定的数量之内,因此,人口与资源之间是一种和谐的"位育"关系:现有的森林、土地、水源等资源足够供养村内的人口,甚至还能留有富余。人们不需要为了供养更多的人口而降低自己的生活水平,不需要破坏森林资源去开垦更多的土地,不需要为了获取更多的生存资源而拼命劳作,还能够享受生产劳动间歇的悠闲时光。通过对周边村寨的走访得知,占里人生活的富足和惬意显然是众人艳羡的。每个被访者跟我谈起占里和占里人时,都会情不自禁地说:"占里人,田多,米多,生活不愁啊!"当然,一些基层干部在谈起占里人的时候,会说:"占里人太懒,地那么多,但是只种糯禾,完全不知道用来种蔬菜搞经济!县城附近的几个村都在搞副业,我们让他们(占里人)搞,他们也不搞,真是没办法!"言谈中流露出一种不解的神情。从这些干部的角度来看,占里人是"懒的",虽不至于"四体不勤,五谷不分",但他们"安于现状""不思进取",不懂也不想利用手中的资源获取更大的利润。但是,反过来看,这也正体现了占里人对生活的一种和谐安逸、顺其自然的态度。当然,占里人也并不是完全屈从于自然环境而没有自我的能动性。他们引山泉灌溉农田,猎鸟兽丰富食物,砍柴薪建造房屋,捕河鱼补充营养,采野果作为乐趣。占里人以山林为"家主",以鸟兽为"邻居",以花草为闲趣,以稻禾为食粮,顺应自然,与自然融为一体,在和谐中发展自身,从哲学上来看,这正是一种"安其所,遂其生"的态度。

  占里人除了重视人与自然环境之间的"位育"之外,还注重家庭内部的"位育"。潘光旦先生曾对家族制度问题进行过研究,他在《祖先与老人的地位》一文中,讲到了家庭问题是各个家人的"位育"问题。

> 家庭问题，归根是一个家人之间的关系的问题，也是一个各个家人的地位的问题；地位适宜，关系也就得当。更约言之，家庭问题是各个家人的"位育"问题。家庭之中，人人能安所遂生，问题自然解决。……讲起位育，我们便立刻联想到各个家人的种种性格，而性格中最比较基本的，是年龄与性别两端。性别有二，而年龄的最简单分法是少、壮、老三分法。……少、壮、老的三分法也是我们常识与习惯的一部分。……我们如今讨论家人的位育，目的也无非是"老有所终"或"老者安之"，"少有所长"或"少者怀之"，而壮的一辈呢，我们以为若能做到"夫妇信之"，使之对于社会种族，各能有所贡献，即各"有所用"，就很不错了。（潘光旦，1997d：705~706）

可见，在潘先生看来，家庭位育主要表现在年龄与性别两个方面。只有做到"老者安之""少者怀之""夫妇信之"，才是家庭的位育，即家人之间"地位适宜，关系得当"。

从占里的情况来看，大到村落社会、小到个体家庭都是一个爱护幼小的集合。占里的孩子除了在农忙期间，很少参与到农业劳动和家庭劳动中。特别是女孩子，除回家吃饭之外，晚上甚至都很少在家居住。父母对孩子的这种行为也基本采取放任的态度，让他们自由地生活在大山的怀抱中，从小和同龄人结成极为亲密的关系。对青年男女在婚前自由恋爱的交际活动，村落的成年人也不加干预。家里有女儿的人家，有的时候甚至还会为了不打扰年轻人之间的相互交际而早早睡觉，或者躲出家门，为"害羞"的年轻人"腾出"自由的空间。

在婚姻的选择上，虽然表面上看起来，决定权在父母手中，但是，占里的父母在做最终的决定前往往会先询问孩子的意见。毕竟，逃婚、离婚，特别是生育之后的离婚，在占里都不是一件简单的事，除了要缴纳一定数量的罚款之外，还要承受舆论的压力。在夫妻关系上，占里人讲究互尊互敬。占里人在婚前，或者说在事实婚姻①成立之前，无论男女都可以参加"行歌坐月"，在与异性的交际上享有很大自由；生育了第一个孩子之后，占里人的婚姻进入稳定期，妻子要和丈夫一起居住，为维系家庭而努力。在农业劳动中，占里男性是主要劳动力，但是，女性也在其中扮演了不可或缺的角色；在家庭生活中，占里女性占主导地位，但是，男性也会帮忙分担一些家务劳动。通过田野调查，我发现，尽管占里的女性多有些风风火火，占里的男性多有些温柔和缓，但是夫妻之间都是互帮互助、互敬互爱，共同为维系一个小家庭的正常运转而努力。

在对老人的赡养和照顾方面，不论男女，都有义务。因为占里实行的是内婚制，女儿即使出嫁也不会离娘家太远，便于她照顾生身父母。儿子则多和年老的父母一起居住，在日常生活中加以关心。我认为，占里老人得以安养的原因有三：一是老人大多身体健康，不但没有成为子女的生活负担，反而可以成为他们生产上的帮手；二是老人以其丰富的生活和生产经验能够给年轻人以指导，从而受到社会的尊重，在政治上占有主导地位；三是内婚制使整个村落成为一个大家庭，村民彼此之间都有千丝万缕的亲戚关系，如果有不孝不养的行为出现，则可能要面对巨大的舆论压力。

总之，占里无论是在与周围环境的共处中，还是在内部社会的运转中，都体现出一种安所遂生的态势。从整体来看，占里的环境不是最恶劣的，文化不是最罕见的，人口结构不是最极端的，但是，占里的可贵之处就在于其文化、环境与人口之间的"位育"关系。从占里人口控制思想形成到现在，几百年的时间过去了，

---

① 举行婚礼后的夫妇属于形式婚姻，夫妻双方基本不用担负家庭责任，要离婚也比较容易；而生育第一个孩子之后进入事实婚姻，双方需要为维持婚姻家庭而担负一定的责任。

中国也发生了翻天覆地的变化,而占里在其传统文化的调节下,努力坚守着这最后的"桃花源"。我不知道占里文化还能坚守多久,但是,作为曾经存在于人类文化发展史上的一个特例,占里将如特罗布里恩德岛一般,丰富人类学研究的样本库。

余论
路在何方?

本书写到这里，就应该结束了。但是，通过几次在占里的调查研究，我不得不对占里的未来做些思考。本书重点回顾了占里的过去，铺陈描述了占里的现在，而更重要的是占里的未来又将会是怎样的呢？占里将会走向何方？

一 自然环境的变化：封闭体系的打破

占里自然环境的特点是山高林密、相对封闭，因此占里人在文化上具有一定的保守性，喜欢守成，不喜欢变化。我2006年第一次去占里调查的时候，曾见过一位高增乡的干部，他对我说：

> 占里这里民风淳朴得很嘞，你在别处都看不到的。不过，这里的人都不喜欢跟外面打交道，这一点很让我们头痛啊。你看那条到从江的公路，还是去年才修通的呢。本来都修到付中了，就差那么一点儿，占里人死活就是不让（再修到村里）。他们觉得这路修不修的对他们来说，影响不大，他们也不需要；还有就是，他们觉得外面的人都很坏，要是公路修通了，这些人都能直接沿着路到他们村里来了。没办法，我们干部就只能一次一次地过来，一遍一遍地做他们的工作，跟他们讲里面的好坏，磨了一两年，总算是修通了。

公路是修通了，可是自从公路修通之后，曾经号称"无锁村落"的占里，也开始上锁了，禾仓、吊脚楼，处处都有"铁将军"把门。占里的传统道德体系有了松动。

现代中国农村发展中有句话叫："要致富，先修路。"可见，交通对一个村庄的影响之大。不管是好还是不好，从 2006 年开始，我曾经 3 次到占里进行田野调查，基本上每次都有新的变化：卫星电视、移动信号、家庭沼气、网络数据。占里的发展越来越快，基本上可以与现代社会接轨；与此相比，人们思想变化得更快，总让我隐约有种担心。一位 12 岁的女孩曾经跟我说：

姐姐，以后我一定要走出占里。我要出去读书，去贵阳，去北京。我们这里的生活太苦了，也太穷了，人们都没有什么文化。我也不要跟这里的人结婚，我出去以后再也不要回来了。

还有一位 20 多岁的小伙子得意地对我说：

我不喜欢读书，读书太辛苦了；可是我也不想上坡，上坡更辛苦。我们占里实在是太落后了，我就要出去打工了。等我出去了，不想回来了。以后就在外面找个老婆。我现在网上就有交女朋友哦！她很漂亮的，改天我让你看照片吧！

我还曾听到过一个转述而来的故事：

我们村里的一个姑娘——这里暂且称为 A——要到凯里去读书。你也知道，在凯里读书要花很多钱的，我们这里的人又没有什么钱，光靠家里供她怎么也不够啊。所以，她的老公——这里暂且称为 B——就出去打工，挣钱资助她。其实，以前 A 跟 B 的关系很好的。我们这里的人结婚都很早，虽然没有领证，但是订过婚了，住在一起就算是结婚了。A 上学需要钱，B 就放了家里不管，跑出去打工，完全把 A 上学的费用供了下来。后来，A 毕业了，B 提议要跟 A 结婚；A 应该是喜欢 B 的吧，可是觉得自己读了书了，就不愿意了。B 当然不肯了，可是 A 说，反正也没有领证，你能怎么样？那就没办法了。那个 B 是我的好朋友呢，我听说了这件事，真是气得要死，恨不得教训 A 一顿。B 为了供她读书，连自己的家破成那样子了都舍不得修。你说气不气人？那个 B 现在也出去打工了。我们家跟那个 A 还有点亲戚关系，我最后想了想，还是算了吧。现在 A 又找了一个外面的男朋友，估计也快结婚了吧。我看她结婚了，可能就不会住在我们村里了。

一位歌师也向我讲述了他对占里未来的忧虑：

现在村里的小孩子们白天要去上课，晚上回家还要写作业，哪里还有时间来听我讲故事，跟我学侗歌啊？年轻人都出去打工了，就连我们有些歌师也出去打工了。现在的人啊，都没有我们那时候那么爱唱歌了。村里会唱歌的人越来越少，等我们死了，有些歌可能都传不下去了吧。

新思想、新观念铺天盖地而来，考验着传统文化的承载能力。而占里，尚未做好应对的准备。

二 社会环境的变化

有建制之始，占里属黎平县，1942 年划归从江县。新中国成立之后，占里曾隶属于贯洞、高增、丙梅、银滩、丙妹、小黄、和平，但都在从江县范围内。自从建制之后，特别是在新中国成立之后，占里逐渐被纳入国家体系。中央政府政策的每一次波动，都会影响占里。

新中国成立初期的土改运动时期，由于占里地多人少，一些人从周边村寨迁入占里，并且从政府手中分得了土地，这是第一次对占里传统经济模式的打破。而且迁入人口的存在，也使新中国成立初期占里人口统计数量超过了700人。

"三年自然灾害"期间，占里大量青壮年劳力被抽调去修公路，村内缺乏劳动力，又遇天灾，粮食大量减产，使占里人首次尝到了饥饿的滋味。

"文革"期间①占里的民间统治力量被打倒，寨老、鬼师等传统领袖被认定为革命的对象、人民的敌人，在不属于吴姓家族的"外姓"领导的组织下，占里人也开展了"轰轰烈烈"的"文化革命"。"文革"破坏的不只是生产，更是文化和传统。这十年间，占里人口无节制性增长，无人敢再提"计划生育、控制人口"的主张。

> 前几年饿死的人也蛮多的。到了六七十年代，国家鼓励我们多生。而且，那时候，寨老啦，鬼师啦，都被打倒了，根本也没有人管了；你提什么"计划生育"的，还怕被认为是反革命呢！所以，那十年，大家也没有什么计划了，都是随便生，人口一下子就多起来了。一直到八十年代的时候，开放搞活了嘛，几个寨老就在鼓楼那里商量要重新搞起来（计划生育），要不然，人口会越来越多，眼看就要超过700人了。后来在鼓楼那里召开群众大会，跟群众说这件事，要大家重新执行计划生育、控制人口。大家也都同意，因为祖先跟我们说了啊，不搞计划生育，以后人太多了会没有饭吃。
>
> ——根据占里村民讲述整理而成

---

① 在调查的过程中，我发现，占里人分不太清楚新中国成立以来各次运动之间的区别，而将其统称为"文化大革命期间"。其实针对农村干部和农村旧习俗的"革命"运动应该是"四清"而非"文革"。

由此可见，虽然中断了近二十年的时间，但是文化传统依然保留在人们心中。在寨老号召恢复传统的时候，人们的集体记忆同时也被唤醒了。在学界，法国学者哈布瓦奇率先提出了"集体记忆"的概念，他指出社会记忆关注的是人们的想法怎样在社会中整合在一起，不是简单的协商和调解，而是受到社会安排的结构性限制。人类记忆所依赖的语言、逻辑和概念都是在社会交往中实现的。哈布瓦奇的集体记忆理论特别强调记忆的当下性，即人们头脑中的"过去"并不是客观实在的，而是一种社会性的建构。回忆永远是在回忆的对象成为过去之后。不同时代、时期的人们不可能对同一段"过去"形成同样的想法。人们如何构建和叙述过去在很大程度上取决于他们当下的理念、利益和期待（Halbwachs，1998：5）。美国学者施瓦兹也曾经指出，集体记忆往往不是过去经验的反映，而是具有定位功能，集体记忆"既是一面镜子也是一盏灯，是社会的一个原型也是为社会的一个原型"（Schwartz，1991：56）。表面上看起来，占里重新恢复了"计划生育、控制人口"古俗，可是这"被恢复"了的古俗跟被禁止前的古俗是不是真的一样还有待商榷；曾经被众人"踩在脚下"，深刻承认自己"剥削了人民""搞封建迷信"的寨老和鬼师们在日常教化过程中又能够在多大程度上发挥自己的权威？日本学者兼重努认为，侗族社会中被破坏了的老人政治虽然在 20 世纪 80 年代得以复苏，但是其政治和文化上的影响力决不可同日而语，更多的是一种角色上的错位与尴尬（兼重努，1998：93～120；2000：192～213）。

占里在地方传统文化与国家行政权力的博弈中，更多地表现出一种无奈。占里人不愿意过多地与外面的"坏人"接触，但发展旅游创收的政策让他们不得不打开寨门，广迎八方来客，只是在游客到来的时候小心提防；不愿意离开世代居住的村寨，但市场经济的介入让他们不得不充分认识到钱的重要性，操着不熟练的普通话，走向广东、深圳打工赚钱——尽管那一张张薄薄的纸币在他们的眼中既不能当饭吃,也不能当衣穿;不愿意孩子离开自己的身边,但看到电视上介绍的精彩的外面世界,对比面朝黄土背朝天的乡村生活,哪怕是粜米为生,也要把孩子送出大山,希望他们永远生活在那个"繁华"的都市中,不要再回来受苦。

三 夹缝中的传统文化:路在何方?

研究的过程中,我经常在想一个问题,占里人口控制文化的形成,既具有必然性又具有偶然性,当外部环境——包括自然环境和社会环境——发生变化的时候,它还能否继续保持下去?占里人口控制文化形成的关键词是资源有限性、环境封闭性、老人权威性、村民凝聚性,而这些在现代国家体系的生活中均遭遇了不同程度的改变:技术进步带来生产的发展,交通便捷带来开放的环境,村两委建立带来现代意义的政治,人口迁移增加带来人们观念上的变迁。当然,地方性传统在这个过程中不是没有抗争过,有的时候甚至还占上风,但是在逐渐进入国家体系的占里,这种抗争显得那么苍白。

> 我们上一任支书叫吴元,是村里最聪明的人,但是他和寨老的关系不好,他们搞鬼的时候,叫他去,他从来不去,所以,改选的时候,吴元就落选了。不过,他现在还是很有威望的,如果有什么事情,只要他一叫,大家都会去;有什么事情只要他一说,大家都会响应。吴元,真的是一个脑子很活络的人。
>
> (又一次改选之后)我们的村长是吴元,他老婆的哥哥就是吴伀新,现在在贵阳,很有本事的,住的房子好大的。吴元脑子活络,关系也多,很会搞生产。他家的两个孩子,现在都在从江读高中呢。我们村很少有像他那样的,我们也都愿意跟着他干,希望能跟他家一样好。
>
> ——占里村民

由于和寨老等老人组织之间的矛盾，"聪明能干"的吴元在改选中也曾落选过，但是凭借他的"致富能力"，在第二次改选时，吴元又登上村长的"宝座"。在传统与变革的交锋中，传统败下阵来。当然，这只是交锋中的一个很小的侧面。类似的情节每一天都在占里上演，在此就不再一一讲述。我想说明的是，占里的传统文化正处在一个夹缝中：要发展，要创收，就要借着"传统文化"这块牌子招徕游客；而在发展的过程中，新思想、新观念又必然会遭受传统的抵制和抗争，如上文中村两委与寨老间的矛盾。在这样的挤压之下，占里的文化在未来的发展中会不会成为"四不像"？会不会成为"表里不一"的两张皮？甚至会不会成为一种叫作"占里"的商品？这些都是我百思不得其解的问题。最后，我想用田野调查中一位基层干部的话来结束本书：

　　　　你怎么能够在自己享受着一切现代化设施带来的便利生活的同时，还要求我们点着煤油灯固守着传统过日子呢？

　　我的研究到这里就算结束了，可是占里未来的路仍然很漫长。放眼到一个更大的范围，在现代化发展的今天，类似占里这样的例子并不鲜见，传统文化未来的路究竟在何方？

参考文献

埃文思 - 普里查德，2006，《阿赞德人的巫术、神谕和魔法》，覃俐俐译，商务印书馆。

埃文思 - 普里查德，2002，《努尔人：对尼罗河畔一个人群的生活方式和政治制度的描述》，褚建芳、阎书昌、赵旭东译，华夏出版社。

陈达，1981，《现代中国人口》，天津人民出版社。

陈国强、石亦龙主编，2002，《文化人类学辞典》，恩楷股份有限公司。

程良炳，1981，《地方稻种——禾的特点及其利用意见》，《贵州农业科学》第2期。

费孝通，1981，《生育制度》，天津人民出版社。

费孝通，1985，《乡土中国》，三联书店。

贵州省从江县志编纂委员会编，1999，《从江县志》，贵州人民出版社。

贵州省民族事务委员会、贵州省民族研究所编，2008，《贵州"六山六水"民族调查资料选编·侗族卷》，贵州民族出版社。

哈里斯，马文，1990，《母牛·猪·战争·妖巫——人类文化之谜》，王艺、李红雨译，上海译文出版社。

哈里斯，马文，1988a，《文化的起源》，黄晴译，华夏出版社。

哈里斯，马文，1988b，《文化人类学》，李培茱、高地译，东方出版社。

哈维兰，1987，《当代人类学》，王铭铭译，上海人民出版社。

洪迈，2006，《容斋随笔》，周洪武、夏祖尧点校，岳麓书社。

黄树民，2002，《林村的故事：1949年后的中国农村变革》，素兰、纳日碧力戈译，三联书店。

兼重努．2000．『老人たちが再生させた橋修理－中国の少数民族トン族の民間公益活動における近所づきあい』福井勝義（ed.）編『講座：人間と環境（第8巻）近所づきあいの風景－つながりを再考する』昭和堂。

兼重努．1998．「トン族のムラ社会における老人の役割りの変化」『外国学研究：日常生活の政治学一世紀転換期のヨーロッパと現代の中国・アメリカー』神戸市立外国語大学外国学研究所。

姜涛，1998，《人口与历史——中国传统人口结构研究》，人民出版社。

李金花，2008，《生育与生存——一个高山苗寨的男孩偏好研究》，硕士学位论文，中央民族大学民族学与社会学学院。

李涌，1998，《受降台记》，载《康熙·靖州志》（卷六），转引自湖南省地方志编纂委员会编，《湖南省志》（二十四卷·民族志），湖南人民出版社。

廖君湘，2007，《南部侗族传统文化特点研究》，民族出版社。

列维－斯特劳斯，1989，《结构人类学》，陆晓禾、黄锡光译，文化艺术出版社。

林耀华主编，1997，《民族学通论》（修订本），中央民族大学出版社。

刘钦，1998，《渠阳边防考》，载《乾隆·开泰县治》，转引自湖南省地方志编纂委员会编，《湖南省志》（二十四卷·民族志），湖南人民出版社。

刘荣，2007，《和谐与冲突——贵州省黔东南州占里村田野考察报告》，《南方论刊》第4期。

刘宗碧，2006，《从江占里侗族生育习俗的文化价值理念及其与汉族的比较》,《贵州民族研究》第1期。

罗素,伯兰特,2010,《权威与个人》,储智勇译,商务印书馆。

《马克思恩格斯》(第23卷),1972,人民出版社。

《马克思恩格斯全集》(第3卷),1960,人民出版社。

潘光旦,1994,《尚同与尚异》,载潘乃穆编《潘光旦文集》(第三卷),北京大学出版社。

潘光旦,1995a,《当前民族问题的另一种说法》,载潘乃穆、王庆恩主编《潘光旦民族研究文集》,民族出版社。

潘光旦,1997a,《说"文以载道"》,载潘乃穆、潘乃谷主编《潘光旦文集》(第五卷),北京大学出版社。

潘光旦,1995b,《民族的根本问题》,载潘乃穆、王庆恩主编《潘光旦民族研究文集》,民族出版社。

潘光旦,1997b,《"位育"?》,载潘乃穆、张海焘主编《寻求中国人位育之道——潘光旦文选》,国际文化出版公司。

潘光旦,1997c,《演化论与几个当代的问题》,载潘乃穆、潘乃和主编《潘光旦文集》(第五卷),北京大学出版社。

潘光旦,1997d,《祖先与老人的地位》,载潘乃谷、张海焘主编《寻求中国人位育之道:潘光旦文选》,国际文化出版公司。

青木保.2006『儀礼の象徴性』岩波書店。

《人民日报海外版》,2003,《生育:与自然相和谐——记贵州占里侗寨独特的生存智慧》,4月9日,第8版。

任国英,2009,《俄罗斯生态民族学研究综述》,《世界民族》第5期。

沈洁,2007,《社会结构与人口发展——基于侗族村寨占里的研究》,硕士学位论文,中央民族大学民族学与社会学学院。

石川栄吉・大林太良・佐々木高明(ed.).1994『文化人類学事典』弘文堂。

石开忠,2002,《侗族鼓楼》,华夏文化艺术出版社。

石开忠,2007,《侗族款组织的文化人类学阐释》,博士学位论文，中央民族大学民族学与社会学学院。

石开忠，2001a，《鼓楼文化》，华夏文化艺术出版社。

石开忠，2001b，《鉴村侗族计划生育的社会机制及方法》，华夏文化艺术出版社。

特纳，维克多，2006，《仪式过程：结构与反结构》，黄剑波、柳博赟译，中国人民大学出版社。

佟新，2000，《人口社会学》，北京大学出版社。

王铭铭，2002，《人类学是什么》，北京大学出版社。

乌沧萍、侯东民主编，2005，《人口、资源、环境关系史》（第二版），中国人民大学出版社。

严奇岩，2008，《中国民族经济发展史上若干误区的检讨——以清代以来黔东南地区的"糯禾改籼稻"为例》，《贵州民族研究》第5期。

杨昌嗣，1999，《杨昌嗣文集》，民族出版社。

杨军昌，2001，《侗寨占里长期实行计划生育的绩效与启示》，《中国人口科学》第4期。

姚丽娟、石开忠，2005，《侗族地区的社会变迁》，中央民族大学出版社。

游修龄，1995，《中国稻作史》，中国农业出版社。

张舜清，2009，《论儒家"中和位育"伦理观及其现代价值》，《武汉科技大学学报》（社会科学版）第2期。

张晓松，2001，《探索古老的生育秘密——占里的习俗与药师的秘方》，《人文地理》第2期。

张云飞，1999，《中国儒、道哲学的生态伦理学阐述》，载徐嵩龄主编《环境伦理学进展：评论与阐释》，社会科学文献出版社。

中国科学院民族研究所贵州少数民族社会历史调查组、中国科学院贵州分院民族研究所编印，1964，《贵州省从江县丙梅区和平乡占里寨侗族社会经济、榕江县忠诚区车江乡侗族社会经济调查资料》（贵州少数民族社会历史调查资料之十五）。

中国人民政治协商会议贵州省从江县委员会文史委员会，1997，《从江文史资料》（第三辑）。

朱熹，1983，《四书章句集注》，中华书局。

庄孔韶主编，2002，《人类学通论》，山西教育出版社。

祖父江孝男等，1992，《文化人类学事典》，乔继堂等译，陕西人民出版社。

Алутюнов С. А. 1983. *Культура жизнеобеспечения*. Москва.

Halbwachs M. 1998. "Individual Psychology and Collective Psychology." *American Sociological Review*, Volume 3.

Крупник И. И. 1989. *Арктическая этноэкология—Модель радиционного природопользования морских охотников и оленеводов Северной Евразии*. Москва.

Маркарян Э. С. （и др.） 1984. *Культура жизнеобеспечения и этнос: Опыт этнокультурного исследования（на материалах армянской сельской культуры）*. Ереван: Изд-воАНАрм. СССР.

Minturn L. and John T. 1966. *Hitchcock: The Rajputs of Khalapur, India*. John Wiley and Sons, Inc.

Mueggler. E. 2001. *The Age of Wild Ghosts: Memory, Violence, and Place in Southwest China*. Berkeley: University of California Press.

Napoleon A. Chagnon. 1977. *Yanomamo: The Fierce People*. Holt, Rinehart and Winston.

Schwartz B. 1991. *Social Change and Collective Memory: the Democratization of George Washington*. American Sociological Review.

后　记

在写作的过程中，我就不止一次地思考："后记，我到底该怎么写？"思考后记的写作，是我在充满愁苦彷徨的写作过程中唯一的乐趣。而现在，我终于等到了这一天。

在本书付梓之时，回顾数年来跟跟跄跄的求学之路，磕磕绊绊的田野调查，曲曲折折的异邦生活，这其中的点点滴滴，不管是苦的还是甜的，都已成为我人生道路上的一笔巨大财富。感谢老师、家人和许许多多的朋友亲人，你们见证了我的成长，包容了我的幼稚。正是你们的无私支持，我才能完成这篇难登大雅之堂的拙劣之作；正是你们的不断鼓励，我才能在这条充满崎岖和荆棘的道路上不断前进。

首先要感谢从江计生局的干部们和占里的父老乡亲，你们诚挚的热情让我这个来自远方的异客感受到了家的温暖。我曾三次赴占里调查。由于交通不便，每一次都是计生局的领导亲自派车，接送我往返于占里与县城之间。在占里居住期间，虽然语言不通，但是你们一个个热情洋溢的笑脸，一声声不甚熟练的问候，都是支持我继续走下去的最大动力。特别要感谢我的向导、翻译和主要报道人老有和老捞兄弟。你们不仅从工作上支持我，还从生活上关心我。已经记不得在你们家吃过多少次糯米饭，喝过多少次侗家酒。如果没有你们的帮助，我的调查不会进行得如此顺利。当然，更加不能忘记占里的那些可爱的孩子们，你们为我寂寞的异乡生活增添了多少色彩，我已不能一一尽数。时光飞逝，我第一次进占里调查时陪伴在旁的孩子们，现在或因外出打工或因进城读书而离开了占里，但是，你们留给我的快乐将永铭我心，不会随时间而褪色。

其次特别要感谢中央民族大学的陈长平教授。承蒙老师不弃，从硕士到博士七年间始终如一地对我的学习和生活费心无数。跟随老师学习，耳濡目染的不只是您严谨的治学态度，还有您谦和温润的处世作风。您的教诲如春风化雨，"随风潜入夜，润物细无声"。这些，都将是我一生中受用不尽的财富。在这篇劣作完成之后，又是您逐字逐句进行修改。您对我寄予了殷殷厚望，而我由于才疏学浅未能尽数达到，现在想来，深感愧疚，只能留待以后有机会将这些缺憾一一弥补。

再次我还要将最诚挚的谢意献给我远在日本的老师高桑史子教授。教授为人和善热心，虽与我未曾谋面但盛邀我赴日学习人类学理论与方法。在两年的学习中，教授为我开设人类学理论的一系列课程，亲自为我修改日语错误，带我同赴日本九州进行实地调研……这一幕幕往事，现在仍都历历在目。四年的博士生活，有一半的时间跟随教授学习，感激之情难以言表。

我深感幸运的是，在我写作的过程中，有太多的师长与同学给予了我无私的帮助。张齐超博士无私地与我分享自己的田野经历，并启发了我的研究思路，让我从一个新的角度认识了占里；与李金花博士的讨论也深化了我对一些问题的思考，使我的论述逐渐清晰；还有远在日本东京都立大学的小林贵幸前辈也曾热心帮我查阅相关日文资料……

最后，要感谢我的父母，他们的关爱让我坚定，他们的牵挂让我心痛。从求学到工作，再到婚姻家庭，在我成长的过程中，他们一如既往地在背后默默地支持我，无论是物质上还是精神上。古语云："父母在，不远游。"作为一个不孝女，当我决定远赴日本学习的时候，在我离家工作的时候，你们在万分不舍的情况下，依然选择了支持我。可以说，没有你们就没有我的今天，对你们的深恩我无以回报，而这常常让我深感愧疚。

沈洁
2015 年 8 月

图书在版编目(CIP)数据

换花草:占里人口文化的环境人类学解读/沈洁著. -- 北京:社会科学文献出版社,2016.10
(田野中国)
ISBN 978-7-5097-9045-8

Ⅰ.①换… Ⅱ.①沈… Ⅲ.①乡村人口-研究-从江县 Ⅳ.①C924.257.34

中国版本图书馆 CIP 数据核字(2016)第 086603 号

·田野中国·

换花草

——占里人口文化的环境人类学解读

著　　者 / 沈　洁

出 版 人 / 谢寿光
项目统筹 / 谢蕊芬
责任编辑 / 杨　阳　谢蕊芬

出　　版 / 社会科学文献出版社·社会学编辑部（010）59367159
　　　　　地址：北京市北三环中路甲 29 号院华龙大厦　邮编：100029
　　　　　网址：www.ssap.com.cn
发　　行 / 市场营销中心（010）59367081　59367018
印　　装 / 三河市尚艺印装有限公司

规　　格 / 开　本：787mm×1092mm　1/16
　　　　　印　张：14.5　字　数：194 千字
版　　次 / 2016 年 10 月第 1 版　2016 年 10 月第 1 次印刷
书　　号 / ISBN 978-7-5097-9045-8
定　　价 / 59.00 元

本书如有印装质量问题，请与读者服务中心（010-59367028）联系

▲ 版权所有 翻印必究